# 父性之城

## 寻找"丢失了"的爸爸

[韩]EBS《父性之城》制作组◎著

全红花◎译

**北京理工大学出版社**
BEIJING INSTITUTE OF TECHNOLOGY PRESS

**图书在版编目（CIP）数据**

父性之城：寻找"丢失了"的爸爸 / 韩国EBS《父性之城》制作组
著；全红花译. -- 北京：北京理工大学出版社, 2015.3
　　ISBN 978-7-5640-9827-8

　　Ⅰ. ①父… Ⅱ. ①韩… ②全… Ⅲ. ①家庭教育 Ⅳ. ①G78

中国版本图书馆CIP数据核字(2014)第229231号

아버지의 성 : EBS 다큐프라임 아빠가 된 남자를 탐구하다
<All About Father: Exploring Men Who Become Fathers
Original Content Copyright © 2012 by The All About Father Production Team OF EBS
Korean Edition Copyright © 2012 by Vega Books, Co.
All rights reserved.
Simple Chinese Copyright © 201x by Beijing Red Product Joint Culture Media Co., Ltd
Simple Chinese language edition arranged with VEGA BOOKS, Co.
through Eric Yang Agency Inc.

著作权合同登记图字：01-2014-5997

| | |
|---|---|
| 出版发行 / 北京理工大学出版社有限责任公司 | |
| 社　　址 / 北京市海淀区中关村南大街5号 | |
| 邮　　编 / 100081 | |
| 电　　话 / (010) 68914775（总编室） | |
| 　　　　　82562903（教材售后服务热线） | |
| 　　　　　68948351（其他图书服务热线） | |
| 网　　址 / http://www.bitpress.com.cn | |
| 经　　销 / 全国各地新华书店 | |
| 印　　刷 / 北京铭传印刷有限公司 | |
| 开　　本 / 700毫米×1000毫米　1/16 | |
| 印　　张 / 15.5 | 责任编辑 / 刘永兵 |
| 字　　数 / 350千字 | 文案编辑 / 刘永兵 |
| 版　　次 / 2015年3月第1版　2015年3月第1次印刷 | 责任校对 / 周瑞红 |
| 定　　价 / 38.00元 | 责任印制 / 边心超 |

图书出现印装质量问题，请拨打售后服务热线，本社负责调换

扪心自问，
**"作为父亲，我幸福吗？"**

# 谨以此书献给想成为孩子导师的爸爸们

**天主教大学议政府圣母医院院长　金英勋**

我曾经以陪审团成员的身份参加过某电视台主办的儿童大脑开发系列节目。这个节目有两个系列，其中第一部反响很大。在接下来的第二部里，节目组希望爸爸们也能参加，但令人诧异的是，申请参加节目的家庭原有200多个，因此减少了一半。这个数据再一次反映了在教养子女的问题上父亲角色的缺失。

爸爸们为什么对育儿和子女教育的态度如此消极呢？细想一下便不难理解：妈妈在怀孕的时候，大脑受激素的影响，从怀孕的那一刻开始思维就已经调为育儿模式了，相比之下，爸爸们虽然也有父爱本能，但是却没有母爱那么强烈，而且表达父爱对他们而言，还需要花时间和精力去学习。

很多爸爸会想，等孩子长大了或进入青春期后，自己就能成为孩子的导师、参谋了。也就是说，他们只想当大孩子的爸爸，而在孩子还很小的时候，他们往往不知所措。

但是，爸爸们的这种想法根本就是不现实的。孩子进入青春期之前，没能和爸爸建立起紧密关系的话，未来爸爸再怎么努力也很难成为孩子的参谋。

爸爸们会想，到时候自己会和孩子一起规划他们的未来。可是，没有陪孩子一同成长的经历、没有亲密关系的积淀，爸爸们梦想的"那一天"永远都不会到来。没有和孩子的感情交流，就给予孩子所谓的"指导"和"建议"，实际上等同于单方面的暴力。而且从小与爸爸没有亲密感的孩子，即使长大了，父子间的感情依然存在空白，爸爸届时也将难以发挥自己的作用。因此，对孩子来说，和爸爸共度时光、培养亲子感情尤为重要。

毫无疑问，世上所有的爸爸都很爱自己的孩子。但遗憾的是，爸爸们往往不知道怎么去表达这份爱。当然，父爱的表达不应受任何外力所迫，每个爸爸都应积极主动地、有意识地寻找和领悟父亲的本质。

成为父亲意味着，成为真正的男人。这本书将帮助爸爸们摆脱助手的角色而成为坚实的家庭支柱，并和他们一起探索成为真正男人的方法。我更希望，这本书能够在我们社会上帮助燃起一场父亲对胎教、育儿、教育的热情之火。

# 所有幸福的源泉——爸爸

Duranno父亲学校运动本部常任理事　金成默

某大型企业举办了一场名叫"父亲学校"的讲座，其中一个参加讲座的人跟我谈了他的感受。他说，自己一直以为，作为父亲最大的职责就是赚钱养家，可是听完讲座之后才发现自己其实并不是真正的"父亲"。因为，给饥饿的小狗喂东西也可以叫"抚养"！他进一步反思过去，谈到自己从未和家人共享过天伦之乐，甚至从来没有幻想过这些。我相信，这次讲座会给这位父亲和他的家庭带来一个转折，他之后的人生肯定会和以前大不相同。

社会上还有很多爸爸在感叹，为什么自己这么晚才领悟到这些做父亲的道理。他们一直被社会要求：成长、竞争、向前看、挑战。但是，没有人告诉他们，作为父亲的生活和父亲身份本身的意义有多么重大；更没有人告诉他们，爸爸幸福的源泉是家人，而家人幸福的源泉又是爸爸。

二十多年间，我们遇到了社会上很多的爸爸们及其家人，并向他们传达了什么才是"爸爸真正幸福的生活"。在"青少年感恩夏令营"活动中，我们看到有些孩子和爸爸的关系已经走到了无法挽回的地步，但是他们通过互相理解、互相疗伤，不仅实现了亲子关系的改善，他们整个人生也都发生了变化。

爸爸改变，孩子也会改变；一个家庭改变，整个社会就会改变。所有幸福的源泉在于爸爸。爸爸关注自己，找到自己存在的意义和价值，这将影响到孩子和整个社会。

这本书的问世正是为了帮助爸爸们看清自己的现状，并且给爸爸们一个回顾人生的机会。我希望这本书，能为那些作为父亲、作为男人、作为人而失去自我、苦苦寻觅家庭幸福的人们，提供真正幸福的源泉。

# 致这一时代寻找幸福生活的爸爸们

## CHA医科大学综合医科大学院临床美术治疗学教授　金善贤

　　对男人而言，第一次当爸爸是人生中的一件大事，是一段既陌生又有些可怕的经历。而且，只有当男人当了爸爸后，他们才能看到成熟的自己。现在世界上很多国家通过教育、宣传和制定法规政策等手段，重新整理和认识"爸爸"这一角色。而我们国家的爸爸们却整天奔波于社会工作中，很难体会"父亲"的意义和作用。现在是我们找回"父亲"的时候了！

　　这本书是根据EBS电视台最佳纪录片《父性之城》改编而成的。纪录片讲的是，和家人一起寻找幸福的爸爸们的生活。市面上已有的关于爸爸的书，多是讲述爸爸育儿方法或效果的。我希望本书能够给承受沉重负担的爸爸们带来安慰，同时给经历困惑的爸爸提供反省自我的机会。当他们作为真正的父亲，重新审视自己，主动寻找自己在家庭中的位置的时候，他们与妻子的关系也会变得更加融洽，进而使自己感受到精神上和心理上的安定感。这种安定感指的是，自己可以成为孩子的真正养育者。

　　我对这本书里的最后一个提问印象非常深刻，那就是"爸爸，您幸福吗？"

　　也许有很多爸爸会自问"我真的是个好爸爸吗？"成为一个好爸爸并不容易，但是可以肯定的是，幸福的爸爸一定会是好爸爸。

　　所以我希望，各位爸爸在家庭和社会生活中都能感受到幸福。

　　我相信，这本像老朋友一样让人感到亲切的书，能够给爸爸、妈妈、子女们了解"爸爸"这个角色提供更多的参考和启迪！

# 和爸爸一起构建充满关爱的社会

### 西江大学教育文化科教授　郑有盛

西方有这样一句谚语："养儿容易育儿难。"这的确是一句至理名言。现今人们普遍认为，父亲是"沉重""艰难"的代名词，真的是这样吗？我想我们需要重新思考"父亲"的意义。

这个世界发生了翻天覆地的变化：都说女人是半边天，是的，她们在社会上开始与男人并肩齐驱。诚然，这也是大势所趋，可是我们生活中最基本的"关心和照顾"却因此出现了裂痕。因为，一直以来都是女性照看小孩、照顾老人，当她们走出家庭、参加社会活动的时候，我们的家庭不得不面临无人照顾的局面。面对这个困境，解决方法只有一个：大家都要挺身而出来弥补这个裂痕，并且齐心协力建设一个充满关爱的社会，继而开创美好的未来。

千里之行始于足下，做一个称职的爸爸同样如此。我们不能再像从前一样，随便当了爸爸，之后再做一个随便的甩手掌柜。作为一个父亲，应该积极主动地关心和照顾他人。这不仅是因为要成为"好爸爸"，也因为能够关心和照顾他人的人，他的人生才会真正具有意义。现在的男人生活和工作的压力都很大，难免会碰壁，会迷茫彷徨，而扭转这种局面的捷径就是关心和照顾他人。

我认为这本书的可贵之处在于，它让我们领悟到了"父亲"的存在性和关系性。这本书向我详尽地展现了一个父亲走出墨守成规、自我封闭、无知家长的"城"，来到和谐、平等的世界，循序渐进地收获胜利果实的人生过程。我希望有更多的人读到这本书，大家共同来建设一个充满关爱的社会。

# 寻找"丢失了"的爸爸

几年前，某电视节目中播放了一段童谣，这个童谣成为当时的热门话题。童谣是这样唱的："家里有妈妈、有冰箱、有小狗真好啊。可是，不知道为什么还有爸爸？"面对小孩直率的疑问，爸爸们的心都碎了。其实，这也是对当今社会所有父母的一个提问，而我们能给孩子一个满意的答案吗？

现代家庭中，父亲的角色变得越来越模糊。在公司承受压力，在家里被冷落，这使得爸爸们越来越感到失落。四五十岁患抑郁症的男人不断增多，自杀率也不断上升。努力奋斗的爸爸们怎么会变得如此岌岌可危呢？如果爸爸们失去了作为父亲的存在意义，我们的家庭和社会又会如何呢？

EBS最佳纪录片《父性之城》就是带着这些所有的疑问开始探索的。历经一年多的时间，我们记录下了韩国爸爸的现状和世界其他国家爸爸的生活。我们希望借此与大家一起探索怎样当爸爸，以及爸爸有别于妈妈的存在价值。

经济快速增长的现代社会，要求男人们只能向前看，不断去挑战。男人们连提问和反省"怎样做父亲"的时间都没有。并且，现在的三四十岁的爸爸中，很多人将上一代只会赚钱养家的父亲，当成自己的行为标的。可是，社会的进步要求爸爸扮演不同以往的家庭角色，所以现在的爸爸们的负担变得更加沉重了。正因为如此，此时他们再不去寻找自己内心的"爸爸"的话，将永远无法处理这个沉重的包袱。

制作组走遍了韩国，还走访了日本，甚至远赴英国、瑞典等地，遇到了许多专家和努力寻找"作为父亲的自己"的爸爸们。就像任何事情都不会有事先准备好的"正确答案"一样，我们也没有找到有关怎样当爸爸的确切结论。不过，我们坚定了一个信念：那就是爸爸们今后会更幸福，会拥有更幸福的家庭。

2012年7月2日到4日的三天里，我们将《父性之城》以"第一部：父爱本能之灯亮了""第二部：爸爸的逆袭""第三部：好爸爸热潮"三个主题呈现给了广大观众。这部纪录片得到了很多父亲的共鸣和母亲的支持。在这里，我想通过这本书给大家展现，电视节目里没有完全表达的研究结果和专家们的各种不同的意见，还有更加有趣的父亲的世界。

## 第一章：父爱本能之灯亮了

这本书大致可分为四个章节。开始的第一章"父爱本能之灯亮了"主要从多个角度阐述男人当上爸爸后的变化。

如同女人成为妈妈后，身体和心理都会经历一系列的变化，男人成为爸爸后，也会发生一系列的变化。对男人的激素、大脑反应等的研究显示，男性也会出现妊娠反应——"父代母育综合征"，即男人成为爸爸时身体发生的变化。各种实验和深层次的分析也进一步揭示了男人成为爸爸时的各种心理变化和父爱的产生、滋长。

另外，本章内容也让我们看到了在爸爸和孩子之间，妈妈的"看门人"角色；让我们重新思考了妈妈态度对爸爸育儿的影响。

## 第二章：爸爸的逆袭

我认为，今后育儿休假的权利不应该只属于妈妈。当我们看到爸爸在育儿休假里一点一点地与孩子建立情感的时候，我们就会重新估量爸爸成为共同养育者的可能性。即便如此，男人们还是很难申请到爸爸的育儿休假。针对这一社会现实，我们也进行了深刻的思考。

我们通过一些实验及对国内外许多家庭的观察，看到了爸爸用自己独特的方式参与育儿，也发现了爸爸和妈妈育儿方式的差别。我们的结论不是缩小爸爸和妈妈育儿方式的差距，而是要重视不同育儿方式带给孩子的不同影响，以及爸爸妈妈由大脑的差别所致的不同的育儿行为，让妈妈和爸爸互相理解彼此与生俱来的不同。

近几年，有关爸爸育儿效果的各种研究和实验备受瞩目。这些研究能让更多的人知道，爸爸在孩子成长中所需的情绪控制、社会性培养方面的重要作用；并且，也让我们重新思考：在一个家庭里，为什么需要爸爸这个角色。

## 第三章：好爸爸热潮

通过对日本、瑞士，甚至非洲的阿卡俾格米人爸爸的了解，以及对全世界公认的好爸爸特质的分析，我们不断思考到底我们应该持有什么样的态度、思想、价值观，又该怎样当一个好爸爸。另外，本章还分享了韩国的好爸爸们陪伴子女成长的经历以及他们的苦恼，特别是我们留意总结了爸爸与孩子之间如何建立亲密关系，以及父子间亲密关系对孩子成长的重要作用。

### 第四章：男人和爸爸

电视节目虽然分为三个部分，但是本书中我们添加了电视里没有播放的内容——"男人和爸爸"。

可以说，第四章既是本书的起点，也是中转站。在这里通过对"父性之城"的考察，我们研究了既是男人、又是丈夫、也是爸爸的他们寻求内心世界的方法。同时我们也在探索男人如何才能成为一个真正的幸福的爸爸。而且，我们重新估量了爸爸妈妈一起寻找"父亲的本质"的可行性，以及这对孩子的幸福的影响。

本章不是《父性之城》这本书的终点。不用多说大家也会明白，因为我们的社会、我们的家庭、每一位"爸爸"，他们才是这个故事的终点。爸爸的地位、作用和角色是什么？这里没有既定的答案。因为社会、家庭和爸爸，一直都在与时俱进地变化着，而且现在仍然在变化。最后，我希望通过《父性之城》，能够和大家一起发掘更多的、走向更好的明天的可能性。

# 目 录

第一章

## 父爱本能之灯亮了

第二章

# 爸爸的逆袭

第三章

## 好爸爸热潮

第四章

## 男人和爸爸

第一章

# 父爱本能之灯亮了

"孕育孩子会让女人的身体发生很大的变化，这是自然的。但有趣的是，孩子出生以后，爸爸体内的荷尔蒙也发生了变化，雄性荷尔蒙减少、雌性荷尔蒙增加，原来父爱本能在孩子出生的那一刻就被唤醒了！"

# 1

## 准备好当爸爸了吗

# 为什么现在谈父爱

当爸爸意味着什么，当个好爸爸又意味着什么？

　　长久以来，父亲角色一直游离于家庭之外。按照传统习惯，爸爸是远离育儿的。可是随着时间的列车驶进21世纪，世界各国的爸爸们开始纷纷回归家庭，在养育和陪伴孩子上投入越来越多的时间。韩国的爸爸们也开始反思，其中一些先行者已经尝试着与妻子一道，加入到了育儿的行列中来——沉睡的父爱本能被唤醒了。

　　现代的家庭文化注重父亲的作用。近年来，随着越来越多的爸爸加入到育儿的行列，社会上出现了一股讨论"什么是好爸爸"的热潮。我们去逛书店的时候，也能看到很多有关爸爸育儿如何影响子女发展之类的书。而且，现在的小孩也不像从前的孩子那样认为爸爸是严格的、有距离感的人，这种变化也反映出如今爸爸参与育儿的社会现象。也就是说，现在育儿不再是妈妈的专属领域了。之前，我们一直生活在"负责家庭生计的爸爸"和"抚养子女的妈妈"的绝对观念中，但是这种思维方式在产业化、信息化时代发生了很大的变化。随着越来越多的女性参加社会活动，人们严格的性别意识变得淡薄了。

　　即便如此，依然有很多爸爸们天天疲于工作，很难找到作为父亲的存在和意义。甚至，因为在家庭中地位的模糊和家人的冷落，而近乎失去自我。所以，现在正是我们寻找，统一理想与现实的全新的"父亲角色"的时候。

　　走在爸爸育儿最前沿的瑞典、其他北欧国家及日本等，在这些国家中，我们能看到爸爸育儿的变化。我们国家也是，以年轻爸爸为主的爸爸们，正在就新的育儿概念开展热烈讨论。他们大部分是在大男子主义的爸爸管教下长大，所以习惯了严厉的父亲、慈爱的母亲的家庭模式。而且，他们和父亲之间没有多少爱的表达或对话。也就是说，他们没有看到现代社会爸爸育儿的样子。但是，他们却要面对21世纪社会对爸爸们所要求的新的父性。

随着更多的妈妈走向社会、参加经济活动，育儿负担成了社会问题，同时也引起了关于爸爸育儿的话题。那么，是什么让我们把爸爸和育儿联系到一起的呢？现代社会是由核心家庭组成，随着子女数量的减少，爸爸们应该比过去更加积极主动地与子女沟通联系。而且，在典型的产业化时代家庭中长大的爸爸们很清楚，小时候自己对父亲有什么样的期望。他们也知道，爸爸和子女之间，不应该只是有着很近的血缘关系，而在感情方面却很远，爸爸应该经常陪伴孩子。也就是说，有了这些认识，现在的爸爸们知道，自己能够实现小时候对爸爸的所有期待。这其实也是这个时代对爸爸提出的角色要求。

现在的大部分家庭中，对孩子的教养主导权依然掌握在妈妈手里。特别是育儿方面，妈妈的支配地位是绝对的。参加工作的妈妈比以前多了许多，但是人们依然普遍认为，应该由妈妈来承担育儿。尽管如此，工作的妈妈、育儿的爸爸在我们看来并不新奇。因为，时代已经改变了。虽然爸爸育儿的比例远远低于妈妈，不能成为主体，可是不管怎么说，家庭中爸爸的作用正在不断扩大。

作为负责家庭生计的家长，在原有责任的基础上还要考虑育儿问题，对于爸爸来说，负担是不是过于沉重了呢？难道爸爸就该总是牺牲自己吗？社会对爸爸的要求是不是过多了呢？对于这些疑问，我们有新的理解：育儿不仅仅意味着爸爸的作用扩大了，而且还说明育儿来自于爸爸的本性。这不是牺牲，而是这个时代要求的爸爸的价值体现。

育儿不是一件容易的事。爸爸育儿会是一次爸爸自我成长的机会，是和家人一起寻找幸福的一次经历。如果爸爸想成为一个明智的育儿参与者，那么最好不要认为自己是在担当妈妈的角色。爸爸应该和妈妈商量，如何更合理有效地分担家庭事务，从而定位自己的家庭责任。这样一来，孩子、妈妈、爸爸都会发生新的变化。因为有了新的育儿参与者爸爸，妈妈能够实现更有价值的子女养育，继而孩子也能得到更平衡、更合理的照顾。

不管世界如何改变，时代如何变迁，爸爸依然影响着家庭，依然是子女最坚实的靠山。所以结论是，改变的不是爸爸的作用，而是爸爸的价值。因此，我们应该确认爸爸的存在感，改变对好爸爸的认识。只有在这个基础上，我们才可以谈论兼顾家计和育儿的爸爸角色及所谓的父爱。

## 只有母爱本能，没有父爱本能吗

从生物学角度解释的母性是与生俱来的本能。因为害喜、感受胎动、十月怀胎、分娩、母乳喂养，这些都是只有妈妈才能体验的。考察整个人类历史我们也能知道，母爱是人类赋予女性的道德和社会责任。那么，父爱又是怎样的呢？

人类历史学家彼得·葛瑞（Peter B. Grray）教授和克米特·安德森（Kermyt G. Anderson)教授在他们的合著《父亲的诞生》（Fatherhood）里是这样描写父爱的：我们看到的人类的父爱，是类人猿具有的独特的行为，是人类进化过程中出现的现象。他们还认为，父爱与一夫一妻制的出现有密切的关系。即丈夫在外打猎、妻子在家里做家务的持久关系形成后，又出现了需要照顾的小孩，本能使他们喜爱和关心这个小孩。

如此看来，父爱原本就存在，只是没有母爱那么明显，而且男人通常不善于表达父爱，甚至有些人还需要学习。为此，我们拜访了努力寻找自身父爱本能的爸爸们。

赵富哲，结婚七年后有了第一个孩子，他一向沉默寡言、老实无趣。显然他不是在很年轻的时候有了孩子，但是听到妻子怀孕的消息后，他似乎并没有什么反应。这样的他，后来却突然变成了一个让妻子都大为震惊的和蔼可亲的准爸爸了。这种变化出现在他看到胎儿的立体超声波照片后。他现在一有空就会抚摸妻子的肚子，和胎儿说话。看着过分抚摸妻子的肚子、格外关注胎儿的他，我们很难想象这就是曾经那个老实无趣的丈夫。难道，赵富哲身上突然出现了之前没有的父爱本能吗？

"开始看的时候是一个小点儿，真的就像画里的一个点儿。原以为就只是这些，后来看四维立体超声波照片时，我看到了小孩子脸的轮廓。啊！这就是我的儿子啊！然后就觉得自己突然清醒了……我现在还不了解（育儿和分娩），妻子已经学习了，可是我一点都没有学。我打算现在开始学习，我要和妻子一起努力。"

这张超声波照片，不是最新的，是胎儿大概6个月左右的

一向冷淡的富哲，翻看着胎儿立体超声波照片，亲自准备婴儿用品，难掩准爸爸的兴奋心情。

　　妻子临近分娩，他亲自准备婴儿衣服、被子、玩具，看着这些婴儿用品，按捺不住兴奋的心情。富哲比妻子更早地准备婴儿用品，就在几天前这是让人难以想象的。富哲就是这样慢慢变成一个爸爸的。

　　日本一向非常关注爸爸育儿。日本父爱（Fathering Japan）代表安藤哲也举办了十多年的准爸爸育儿教育和有关爸爸作用的讲座。他认为，为了唤醒父爱，爸爸们需要学习。这次讲座来了十五六名准爸爸，其中大部分人是向公司请假来听讲座的。虽然讲座没有安排在周末或晚饭后，而是在平日里举办，可是仍然吸引了很多人。看到这样的场面，安藤说，二十年前自己开始做育儿教育的时候，根本不会出现这种情况。事实上，我们在学校或家庭里，都没有专门接受过关于爸爸的教育。对于男人来说，一生中最大的变化就是成为爸爸。尽管如此，成为爸爸之前他们没有任何的准备。安藤说，我们现在正处于探索爸爸教育新方法和新模式的时期。

　　"育儿是我们在孩子出生之前就要着手的事情。妻子怀孕期间，丈夫参与育儿，对妻子分娩有很好的帮助。不需要特别的努力，只要爸爸具有主动抚养孩子的觉悟和责任感，我相信任何爸爸都会成为好爸爸的。"

日本的准爸爸们为了能成为育儿的主体，正在积极主动地参加区政府举办的免费育儿学习班。今天的课题是"给孩子洗澡"。课堂上使用了高50厘米、重3千克的新生儿模型，以实现逼真效果。

准爸爸们把模型当成自己的小孩，小心翼翼地、认真地练习着。他们按照讲师教的，小心地把模型放到澡盆里，还跟模型说"洗澡舒服吧，乖"，然后慢慢地用温水给模型洗澡。爸爸们的手虽然又大又粗糙，可是他们每个人都很温柔、很小心地对待手里的"孩子"。

小心地抱着和新生儿差不多的模型，用温水给模型洗澡的准爸爸们。实际上这是他们第一次给"新生儿"洗澡。

"男人不能怀孕，很难切身感受小孩的存在，所以当孩子出生以后，就更想对他们好。"

——准爸爸 佐藤孝

"从来没有抱过小孩，所以这么抱着模型是很难得的经验。"

——准爸爸 古泽健土

爸爸们的"第一次"都显得很笨拙。不过，重要的是，爸爸要做好迎接孩子的心理准备。有了这样的心理准备，就能感受到自己心中慢慢滋长的父爱本能了。英国金斯顿大学心理学教授亚瑟·布伦南（Arthur Brennan）说过这样的话。

"成为爸爸意味着成为真正的男人。我认为，所有的男人都遗传了爱自己孩子的本能。而这种父爱又改变着男人，改变的不是他们的性格，而是行为。"

练习给孩子洗澡只是一个开始，但这是一次珍贵而充实的经历。准爸爸们为了育儿，认真学习曾经不了解的知识，他们打算以后也要常常和孩子在一起。就这样，他们等待着与孩子见面的激动时刻。这才是有所准备的育儿者。

# 第一次感受到的一个存在：孩子的心跳声

男人和女人结婚，是因为相爱的两个人想永远在一起。大部分男人不是因为想"当爸爸"而结婚。那么，突然有了孩子，他们会有何反应呢？

试想，刚结婚八个月的新郎全敏河突然听到妻子怀孕的消息，会有怎样的反应呢？让我们来观察一下这一瞬间他的变化吧。当然，全敏河事先不知道妻子会来电话。我们打算让妻子打电话告诉他自己怀孕的消息。同时，我们将记录敏河接电话时，由于心情变化引起的脑电波变化。

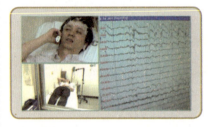

突然听到妻子怀孕的消息，成了"准爸爸"的敏河表情有些复杂。

"妻子突然来电话说，自己好像怀孕了。当时我很吃惊，还有点儿担心……怎么说呢，应该是喜忧参半的心情吧。"

听到妻子怀孕的消息，丈夫的表情变化很微妙，猜不透他是想哭还是想笑。那么，这一瞬间他的大脑会有怎样的变化呢？天主教大学议政府圣母医院幼儿青少年科金英勋博士对比了丈夫听到怀孕消息前后的脑电波。脑电波里包含阿尔法波、贝塔波、伽马波等快波和西塔波、德尔塔波等慢波。

观察结果显示，敏河脑电波最大的变化出现在德尔塔波和西塔波上，通常我们高兴的时候，脑中会出现这种慢波。而且，他脑中的贝塔波和伽马波减少了，这是人们感到幸福的时候会出现的现象。也就是说，听到妻子怀孕的消息，丈夫的反应是高兴的。对此，金英勋博士做了如下的说明。

"大脑根据个体不同的心理、生理状态，出现快波与慢波。通常，睡眠或冥想状态下出现慢波，警觉时出现快波。所以，像这种听到怀孕消息前后的脑电波变化就是快波减少、慢波增多。"

实验结果表明，听到消息之前，因为丈夫处于警觉状态，所以脑中出现了快波；而听到怀孕消息之后，快波减少，慢波迅速占据了整个大脑。

我们通过大众传媒或图书了解到，一般情况下，丈夫听到妻子怀孕的消息以后，通常会是表情呆滞，或像受到刺激似的神情紧张。而这次实验只是记录了敏河听到消息以后一分钟内的脑电波，所以姑且可以说，丈夫短时的反应是幸福和喜悦。

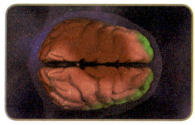

听到怀孕消息前—快波（贝塔波）活跃。

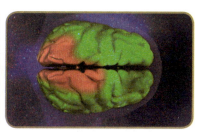

听到怀孕消息后—慢波（西塔波、德尔塔波）增加。

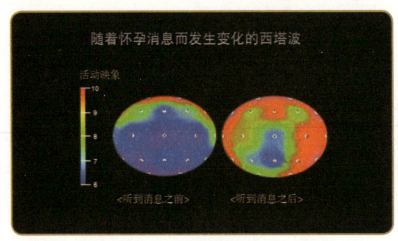

随着怀孕消息而发生变化的西塔波

活动映象

<听到消息之前>    <听到消息之后>

听到怀孕消息，丈夫的大脑里增加了德尔塔波和西塔波，而贝塔波和伽马波减少了。一般高兴时，会出现这种现象。

当然，过一段时间以后，经济问题、抚养责任等问题会给爸爸带来压力，让爸爸感到紧张。到那时，爸爸的感情也许会因为养小孩的责任及由此带来的负担，变成复合型感情。

在这里特别值得注意的是，冥想或睡眠时出现的慢波——西塔波占据了整个大脑。这说明了什么呢？首尔大学医学研究院互补综合医学研究所姜承烷教授是这么说的：

"听到怀孕消息以后，丈夫大脑中西塔波明显增多了。这说明，听到怀孕消息的时候，他想要努力解释自己陌生的感受，即他在努力进行认知，所以掺杂了混乱和类似于非现实的复杂的感情。"

孩子的出生是值得欢庆的，实际上也让人感到很高兴，可是对准爸爸来说这毕竟是陌生的体验，所以难免会产生一些混乱的感情。也就是说，正面的变化和正面的感性状态里会掺杂着复杂的感情。

问问其他准爸爸们，听听他们听到妻子怀孕消息时的心情是怎样的吧。结果和敏河的情况不尽相同。

"只是愣住了。老实说，当时是思绪万千的感觉吧。"

"感觉眼前的一切，像是用慢镜头回放似的。"

"本来想的是，自己会用电视剧里的'啊！真的是怀孕了吗'这种夸张的方式表示高兴，可是实际上，我说了'哦，是吗，幸运啊'。大概是这样吧。"

当然，还有一些不开窍的男人们，有一天他们会清醒过来。这一天就是，与孩子初次见面的日子。

> "第一次听孩子的心跳声，感觉好像听小孩说话似的。刚开始觉得'我的儿子'这句话很别扭，现在已经感觉很亲切了。"
>
> ——准爸爸 姜吾俊

> "在医院，医生问我'看到小孩的心跳了吧'的时候，我觉得身体像通了电一样。当时是既欢喜又担忧的心情吧。而且，心里对孩子说道'我是你的爸爸，你是我的孩子'。"
>
> ——准爸爸 千英勋

准爸爸们听到妻子怀孕的消息时，开始是短暂的发愣，等去医院亲眼确认孩子、听到孩子心跳声的时候，他们才能切身感受"当爸爸"的心情。准爸爸们异口同声说要当一个好爸爸。他们虽然也知道，当一个好爸爸并不容易，肩上的担子将会很重。但是，看到胎动、听到孩子声音的这一瞬间，他们最先想起的一句话，就是：

"我是爸爸！"

## 男人最大的变化是成为父亲

因为有了男人与女人美好的爱情，人类才有了生生不息的繁衍。在三亿分之一的竞争中取得胜利，爱情开花结果的瞬间，妈妈的身体里正发生一件让人惊叹的事情。这时，另一个主人公也将完成人生中最大的变化——成为父亲。

姜吾俊最近在家帮助怀孕的妻子做饭。不管多忙，他都要尽早回家。因为妻子允美快要分娩了。

丈夫：下周要引产吗？

妻子：是的。

丈夫：引产的话，孩子就能马上出来吗？还要住院吗？

妻子：那我就不知道了。

丈夫：不引产，就不能出来吗？

妻子：这个我也不知道。小孩知道，我不知道。为了让孩子出来，医生今天刺激我的肚子，当时的阵痛真的很恐怖……

丈夫：这是美好的痛苦，生孩子是美好的痛苦。

允美由于精神紧张，变得有些尖酸刻薄，可是吾俊好像还没有特别的感受。他不但不能理解妻子的恐惧，也没有安抚妻子的紧张情绪。反而还说，怀孕是美好的痛苦，做妈妈应该承受这些痛苦之类的话。这怎能不让妻子对丈夫感到寒心呢。其实，吾俊也一样担心、害怕，可是他不知道该和妻子说些什么，自己也是第一次当爸爸，所以觉得别扭、紧张。那么，这对夫妻能顺利迎来小孩的出生吗？

几天后，期待的时刻终于到来了。允美的阵痛间隔开始有规律了，夫妻在极度的疼痛、恐惧、紧张中赶往医院。紧握着妻子的手，不时传来妻子的痛苦声，丈夫全身心地和她一起感受。虽然他不清楚这种痛苦有多么剧烈，但是丈夫试图理解妻子的疼痛，他想抱住妻子来减轻她的痛苦。与孩子的第一次见面的确不容易。焦虑的等待中时间一秒一秒地过去。虽然知道要经过一番挣扎才能当上爸爸，可是看到妻子忍受痛苦的样子，他想干脆让自己代替妻子承受这一切吧。虽然很辛苦，可是不经历风雨怎能见彩虹，当父母也一样。妻子六小时的阵痛后，姜吾俊终于见到了小孩。他是这样形容这一刻的：

**"我知道的所有的词语，都无法形容我现在的心情……就像是把自己的心脏掏出来看似的。"**

在产房外渡过无尽的焦虑和不安，他现在终于当爸爸了。

同时，在另一家医院的产房外，赵富哲相对轻松地见到了孩子。他们到医院后，一个小时左右妻子就生下了一个健康的宝宝。他一见到孩子，竟然激动地流下了眼泪。

　　"和妻子一起创造了一个新生命，让我觉得很神奇，感慨万分，各种复杂的感情不禁涌上了心头。"

　　他们曾经是男人，同时还是女人的丈夫。而现在，孩子的诞生赋予了男人新的称谓——爸爸。这是一个神秘、奇异的经历。他们将要面对与以往不同的全新的世界。

## "他曾经只是一个男人……"

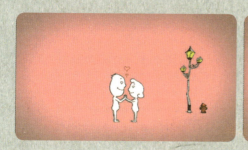

"哇啊！"

他曾经只是一个男人……

呜！

# 2

# 爸爸特别的变化

# 妻子怀孕的话，丈夫的身体也会发生变化

有些人感受"成为爸爸"的过程是比较特殊的。程俊勇就比妻子更早地感受到"怀孕"。因为他的身体开始出现了以前没有的症状。

有一天，他发现自己一说话就开始干呕，所以他买来怀孕试纸让妻子测试。结果真的是"怀孕"了。他的"害喜"持续了妻子怀孕初期的前三个月。俊勇虽然有十五年的吸烟史，可是他从来没有吸烟的人常有的呕吐症状。他说，这是自己第一次出现干呕。

"妻子害喜不是很厉害，我觉得幸亏是我在害喜。这样，妻子就不会那么痛苦了。除了害喜，我觉得身子也变得沉了，呼吸也困难。原来我一直很健康，现在突然觉得喘不过气来。还有，突然能吃很多东西，有些以前喜欢吃的东西，现在又不喜欢吃了。"

千英勋的情况也差不多。他以为自己得了什么病，还特意去医院检查过。英勋听说丈母娘曾经害喜很厉害，所以他担心自己的妻子也会那样。可是，妻子怀孕的时候反应没有多么厉害，自己却是连续干呕了三个星期。在知道妻子怀孕之前，他已经有这种症状了，而且反复多次，当知道妻子怀孕的事以后，他就确定自己是在"害喜"了。

"害喜是怎样的感觉呢？以前替妻子担心过这个问题，也想过那时我该为她做些什么，可是没想到如今我在害喜、泛酸水、胸闷，在公司经常要去洗手间。"

英勋去全职妈妈学校以后，听到别的丈夫偶尔也有类似的现象，才理解了自己的情况。妻子对英勋的害喜很是感激，而且也很高兴，她说："看来我们是在分担害喜。"英勋的生活习惯也发生了变化，他现在一吃水果就干呕，所以妻子怀孕期间，他一直都不喜欢吃以前爱吃的水果了。原来他不挑食，也不爱吃肉，可是后来

只吃肉类食物，甚至每天都要吃一顿。饮食发生变化以后，体重也增加了5千克，这和妻子怀孕之后发生的变化如出一辙。

程文盛不仅"害喜"，而且喜欢吃的东西及行为都变得和妻子差不多了。他平时不爱吃菜的习惯也变了，和妻子一样变得爱睡觉、情绪敏感，简直和妻子成了一个人似的。

"我也不清楚这是怎么回事，是不是因为妻子身体受累，所以我先有反应的？爸爸妈妈的角色虽然可能各不相同，可是我觉得自己像是在为做父母而准备。"

他们说，因为爱妻子，所以夫妻间的感情能够互相传达给对方，所以他们同妻子一同感受怀孕症状。事实真的像他们所说的那样吗？这些理由能够解释丈夫"害喜"的原因吗？

妻子怀孕的话，丈夫也会发生变化。他们比以前更照顾、更关心妻子了。如果妻子是全职妈妈，他们会更加用心，比以前更多地做家务，生活中也会把妻子放在首要位置。可是除了这些变化以外，奇怪的是，不少丈夫不知不觉中还会出现一些类似怀孕的症状，下面我们就来具体认识一下这种现象。

## 想和小孩建立关系的心情：父代母育综合征

孕妇的配偶即她们的丈夫在心理、身体上出现的类似怀孕的症状叫"父代母育综合征"。父代母育综合征（Couvade Syndrome）指丈夫在妻子怀孕期间，和妻子一样会食欲不振、恶心、呕吐等。

"父代母育"由法语"Couver"的"下蛋""孵化""繁殖"的意思演变而来，其核心意思是，男性经历配偶怀孕前后的各种症状，从而逐渐学会怎样当爸爸。

英国金斯顿大学教授亚瑟·布伦南组成的研究小组，在2008年对妻子怀孕的182名男性进行了调查研究，结果表明有60%的人经历了和怀孕相似的心理和身体变化。代表性的症状有腹痛、呕吐、体重增加、腰痛等。有的人甚至还像孕妇一样肚子鼓胀、暴食等。

### 准爸爸群体的主要身体症状

| 症状 | 比例 | 症状 | 比例 |
|---|---|---|---|
| 腹痛·胃痉挛 | 47% | 体重增加 | 42% |
| 胸口痛 | 43% | 呼吸困难 | 15% |
| 胃胀 | 41% | 小便疼痛 | 17% |
| 消化不良 | 42% | 小便量增加 | 37% |
| 暴食 | 19% | 牙痛 | 34% |
| 呕吐 | 25% | 腰痛 | 49% |
| 食欲增加 | 34% | 腿部痉挛 | 43% |
| 食欲不振 | 27% | 疲劳 | 72% |

——出自（英国）亚瑟·布伦南博士论文（准爸爸群体182名）

| 症状 | 比例 |
|---|---|
| 腹痛 胃痉挛 | 47% |
| 呕吐 | 25% |
| 体重增加 | 42% |
| 腰痛 | 49% |

丈夫的这些症状大部分在妻子怀孕初期短暂出现过。但是，有时候会一直持续到妻子分娩为止，即孩子出生以后，他们的症状才会消失。有一位丈夫说，妻子阵痛的时候，自己也感到了剧烈的腹痛。对此，布伦南教授说，这说明男人成为爸爸前出现的"父代母育综合征"的确存在。

亚瑟·布伦南教授研究小组的调查报告显示，准爸爸们感受了像妇女怀孕时的腹痛或腰痛等，其中每4人中有1人伴有恶心的症状。

"父代母育是无意识的，他们自己也无法控制。有的丈夫甚至无法理解自己身体的变化。通常早上腹疼的情况比较多，早上去洗手间的时候偶尔会呕吐、流鼻血或者感到呼吸困难。"

亚瑟·布伦南教授通过数十年的研究，追踪观察了妻子怀孕和分娩时丈夫出现的变化。他说，男人们经历的父代母育症状其实是他们想和妻子一起体验怀孕的过程，也是父亲想和孩子建立感情的心情的反映。

"其实男人们和孩子也是有联系的，这用生物学知识很容易说明，可是我想说的是，妻子怀孕以后丈夫的男性激素会发生变化。"

那么，我们国家的准爸爸们也会像外国的准爸爸一样，出现类似的症状吗？

制作组以150名准爸爸为对象，针对父代母育症状进行了问卷调查。调查的内容是，妻子怀孕以后丈夫心理和身体的变化。

调查结果显示，有74%（111名）的准爸爸体重增加了，12%（18名）的准爸爸出现了"害喜"的症状。

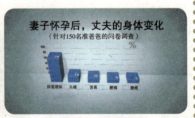

妻子怀孕后，丈夫的身体变化
（针对150名准爸爸的问卷调查）

以150名准爸爸为对象进行的设问调查中，大概有74%的准爸爸体重增加了。

如何解释准爸爸出现的这些症状呢？针对爸爸在孩子出生时和抚养孩子时出现的男性激素变化，金英勋博士是这么说的：

"孩子出生时和抚养孩子时，男性激素的减少，对丈夫们适应社会和经营家庭更有帮助。"

加利福尼亚大学（里弗赛德分校）心理学教授罗斯·D. 帕克（Ross D.Parke）说，不应该认为这些变化是特别的、不同寻常的，而应该认识到，这些变化是他们作为爸爸的准备过程。

"这种身体的变化，能让他们成为更好的父亲。"

通过激素和行为的变化等这些已经被研究证实的父代母育现象，我们能够了解到，爸爸是如何受到怀孕、分娩和育儿等的影响的。

父代母育行为也叫**"共感怀孕"**。也就是说，丈夫在妻子怀孕期间，与妻子形成一种纽带，通过这个纽带能够感知怀孕。这种纽带在妻子分娩及之后的育儿中能够成为父亲和孩子维持更亲密关系的基石。前面提到的参与父代母育问卷调查的爸爸们，今后可能会和子女形成更亲密的关系。同过去相比，社会的发展进步使男人们增加了对这种症状的认识，而且他们也不再隐瞒这些症状和感情，乐于积极表达自己的感受。

## 一起承受怀孕和分娩的痛苦，
## 地球村父代母育的风俗

"父代母育综合征"是由英国伯明翰大学医学院的特里索恩（W. H. Trethowan）命名的。父代母育综合征指的是丈夫所经历的"怀孕"症状。很多丈夫都会有这种经历。

父代母育最初指一些原始社会部落流行的一种分娩意识行为。那是妻子快要分娩的时候，丈夫躺在床上模仿妻子分娩时痛苦样子的一种原始文化。根据资料记载，很久以前世界各地都存在有一些沿袭父代母育风俗的男人。有的研究学者认为，这是男性不能怀孕和分娩，而用自己的方式参与分娩的行为。父代母育让我们看到了，丈夫在迎接新生命时，想要用这种方式分担妻子痛苦的内心世界。

### 电影里的父代母育风俗

意大利导演瓜蒂耶罗·雅科佩蒂（Gualtiero Jacopetti）在他的反映各国风貌的纪录片《世界残酷奇谭》（*Mondo Cane*，1963）中，也记录了世界各地的男人们在妻子怀孕期间的一些奇怪行为。

看着妻子痛苦分娩的样子，跳进河里装死的阿富汗某部落的丈夫；孩子出生时，在产房外倒立的土耳其丈夫；妻子分娩时，穿着妻子的衣服一起喊叫挣扎的印度丈夫；他们"忍受"分娩痛苦的样子，看起来不只是可笑。

### 我们的祖先也有父代母育的风俗吗？

据说，我们的祖先也有父代母育的风俗。西北一个叫博川的地方，妻子分娩阵痛开始的时候，丈夫就爬到产房屋顶上叫喊、打滚，等到妻子终于生下孩子后，丈夫就故意从房顶上滚落下来。他们把这种风俗叫"屋顶发狂"。还有就是，丈夫在产房的窗户纸上开一个洞，把自己的发髻伸进去，让妻子抓着自己发髻用力生孩子。如果有的丈夫发髻不结实，就会跟邻居借假发髻用，所以这种风俗叫"借发髻"。民间还流传着一个有关这个风俗的民谣。

好笑啊多么好笑　　　　　拜访左邻右舍们
新媳妇生小孩儿　　　　　借一个假发髻用
抓住丈夫发髻儿　　　　　生娃后定报恩啊
翻天覆地生娃儿　　　　　千年万年不能忘
　　　　　　　　　　　　定要报答这恩德

……

　　　　……

[参考]
李奎泰.平民的意识结构.信元文化社，1984.
李奎泰.韩国女性的意识结构.信元文化社，1998.

# 当了爸爸以后，男性激素就会减少

妻子怀孕的时候，有些丈夫会有很大的变化。比如，他们调节思考和行为的脑前额叶皮层会增加、男性激素会减少，或者他们会重新规划未来的生活，等等。

美国西北大学人类学科研究小组曾经在2005年，对600名男性进行了激素变化的测试。四年过后他们发现，相比仍然未婚的男性，有子女的男性的睾丸素（testosterone）含量较四年前大幅度减少了。

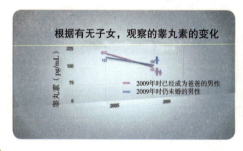

根据有无子女，观察的睾丸素的变化

观察由睾丸分泌的睾丸素的变化，我们可以发现相比未婚男性四年内睾丸素的减少量（22pg/mL），已有子女男性的睾丸素大幅度（54pg/mL）减少了。

代表男性特征的睾丸素是由男性的睾丸分泌的。睾丸素影响到包括人类在内的雄性灵长类动物的第二生理特征。据说，男性特有的攻击性也是由睾丸素激发的。可是，当男人成为爸爸后，男性激素就会减少。也就是说这种变化是他们在为做父亲做准备。随着年龄的增长，男性激素会减少，这是正常的生理现象。不过，奇怪的是，有了孩子后，越是关心育儿的男性，他们的激素减少的速度会越快，即男性想要当一个不亚于妈妈的好家长的意志，体现在了激素的变化上。

与之相反，男性的另外一些激素会增加。由下丘脑开始到脑下垂体前叶分泌的催乳素（prolactin）是刺激女性乳汁分泌的促进激素。这种激素与照顾的行为有关，所以也叫"关系激素"。虽然，男性分泌的催乳素无法与哺乳期的妇女相比，可是在妻子怀孕后期，男性的这种激素分泌也会增加。

"妻子怀孕的话，大部分丈夫的男性激素减少，睾丸素数值降低。与此同时，与乳汁分泌有关的催乳素就会增加。而且，睾丸素减少的同时，抗利尿激素（vasopressin）也会减少。"

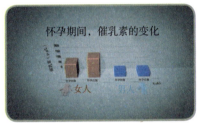

虽然和妈妈相比，爸爸分泌的催乳素数量很少，可是与哺乳没有关系的爸爸，体内却比以前更多地分泌了促进乳汁分泌的催乳素。

金英勋博士对妻子怀孕的丈夫进行了激素测试。测试结果显示，其中2/3的人，男性激素数值达不到正常值。妻子怀孕的话，丈夫就会准备担当育儿工作，而这些又体现在男性激素的变化上。首先，睾丸素会减少，然后影响睾丸素的抗利尿激素也会减少。与此相反，催乳素会增加一些。妻子怀孕的时候，大部分男性的睾丸素会降低，由此可以确定他们的男性激素在减少。当然，这些变化因人而异，虽然大部分男性的激素会降低，但也有个别男性的激素会增加。

还有，男性在妻子分娩前后，体内的抗利尿激素也会增多。抗利尿激素是能够帮助调节体内水分，增强排尿的一种激素。以啮齿类动物为对象进行的实验发现，雄性动物在幼崽出生时，如果体内的抗利尿激素增加的话，其坚守领地、保护幼仔等攻击性行为也会更频繁地出现。同时，用更多的时间陪幼崽等父爱本能行为也会增多。并且，象征母性的催乳素也会增加。**即以分娩为起点开始变化的男性激素，会让男性变得更像父亲。**

"催乳素的增加和男性激素的减少，与父代母育综合征有密切关系。催乳素的另外一个作用就是，帮助爸爸与孩子建立情感纽带。当爸爸抱着孩子的时候，催乳素的数值就会上升。"

亚瑟·布伦南教授说，男性不亚于孕妇，也会经历激素的变化。

罗斯·D.帕克教授也这么说过：

"都说怀孕会使女人发生变化。比如说，女人会面临生孩子、母乳喂养等事情。可是有趣的是，孩子出生以后，爸爸的激素也发生变化，即男性激素会减少，同时女性激素数值又会高出正常水平。"

每个人都同时拥有男性激素和女性激素，只是不同的人其激素的含量也不同罢了，同时激素会随着年龄和心理而变化。比如说，男人随着年龄的增加会变得越来越爱唠叨，变得女性化，这是由于男性激素减少、女性激素增加的缘故。妻子怀孕前后，丈夫身上发生的激素变化，虽然没有女性那么明显，可是这种变化却被认为是因为男人即将成为一个养育者。在心理上，一个人同时具有男性心理和女性心理，即两种性质共存。如罗斯·D.帕克教授所说，男人开始扮演父亲角色时，就会显示出女性特点。如忍耐心会增加，会照顾别人，给别人爱等。这说明，他们在为做父亲而准备。

# 从反常行为开始的父爱本能

激素变化是怎样影响男人的呢？英勋夫妇是在大学认识，谈了七年恋爱后结婚的。去年1月妻子怀孕，听到妻子怀孕的消息，英勋也开始出现了变化。并不是谁要他做什么，可是他的爱好开始偏向女性化，这一点连他自己都感到很惊奇。

"即使再疲劳，晚上睡觉前，我都要给妻子肚子里的宝宝读童话故事。一天都不会落下，因为我觉得小孩肯定想听爸爸的声音。"

——准爸爸 千英勋

"我觉得，他好像比我更在意胎教。不管吃的、看的、读的，所有的他都要赋予意义，而且变得特别敏感。"

——准妈妈 金美真

刚开始，英勋听说婴儿听中低音比较好，所以他就给宝宝念童话故事。但是这只是开始，育儿的书、肚子皴裂时抹的油，都是他亲自买的。最能体现英勋兴趣转向女性化的事件是，他开始做布娃娃。原来是妻子听说孕妇做布娃娃对胎教好，所以就开始做布娃娃，可是后来有一天英勋也开始跟着做，现在比妻子做得还认真。虽然说，他这是为了宝宝，可是像他这样痴迷做针线的样子，实在是有些不同寻常。一针一线笨拙地缝制，好像正在想即将出生的小孩似的，做针线活时的他，表情很严肃。自从妻子怀孕后，英勋的很多习惯越来越像妻子了。刚开始，妻子买针线材料时，英勋表示出很少的关注，到后来干脆自己上网站，选材料，下单购买，简直比妻子更热衷做针线活了。他还说，自己的目标是在孩子出生之前做10个布娃娃。那么，英勋的这些变化只是个别现象吗？

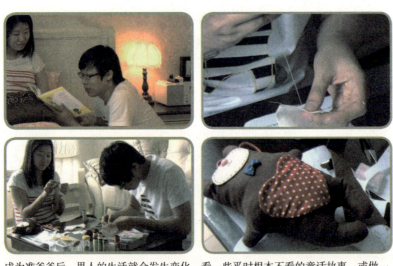

成为准爸爸后，男人的生活就会发生变化，看一些平时根本不看的童话故事，或做一些很不熟悉的针线活等。

30

英勋做布娃娃，一直要做到很晚。虽然在公司辛苦了一整天，回到家英勋还是雷打不动地做布娃娃。晚上妻子熟睡了，他自己却兴致勃勃地还在做，第二天早上还会神气十足地拿给妻子看。他说，因为离妻子分娩没剩几天了，所以为了完成目标，必须要加倍努力。还说一想到能送给宝宝10个动物玩具，就都不觉得辛苦了。

"等孩子出生以后，我会很忙，所以现在要努力把这些做完。到时候肯定又有这样那样的事儿，所以趁现在还有时间的时候，要赶紧把布娃娃做完。"

英勋说，花钱买肯定不会这么麻烦，可是他觉得自己亲手做，才会更有感情，和孩子一起玩的时候自己也会更认真。他拿着布娃娃期待着与孩子见面的那一天。妻子对丈夫很是感激，因为她从未想过丈夫会有这些变化。

爸爸也和妈妈一样怀着一颗激动的心度过十个月。有时候，他们会专注于之前从来都没有做过的事情。爸爸们认为，这是他们为了与孩子见面而进行的准备功课。这种心情改变了爸爸的生活和习惯。爸爸们表现出的这种等待孩子出生的父爱本能，真是暖人心啊。

# 3

# 父爱本能渐渐强大

# 爸爸和孩子幸福的肌体接触：袋鼠护理法

一星期前当上爸爸的他，把婴儿放到自己裸露的胸脯上，感受着孩子细小的气息。肌肤与肌肤的接触、感受彼此的气息，这种幸福的肌体接触就是袋鼠护理法（Kangaroo Mother Care）。

袋鼠护理法是指像袋鼠把幼仔放在自己的袋子里喂养一样，使新生儿和妈妈尽可能贴紧，把新生儿放在妈妈肚子上养育的方法。这种方法有助于新生儿的情绪稳定和情感发展。过去育婴箱不够的时候，较多地使用这种方法。最近，袋鼠护理法得到了很多准父母的青睐。一直以来，袋鼠护理法是以早产儿为护理对象的，可是最近有研究发现袋鼠护理法对正常出生的婴儿也有同样的效果。所以，这种方法就更受瞩目了。

据说，婴儿出生后即从脱离母体的瞬间开始，会感到压力。所以，他们会产生反抗压力和适应生存的激素。同时，感情稳定指数会降低。袋鼠护理法不但能给婴儿带来心理安定，消除他们的不安，让婴儿产生爱心，还能提高婴儿的免疫力。

袋鼠护理法的要领是这样的。首先，脱光婴儿的衣服，身上只留下尿布，然后让婴儿趴到妈妈整个胸脯上，调整位置使婴儿的腿放到妈妈肚脐附近。这时妈妈与孩子接触的面积越多越好。所以，为了使肌肤接触更紧密，最好是轻轻地怀抱婴儿。对于早产儿，为了维持婴儿的体温，还要给婴儿戴上帽子，用妈妈的衣服或柔软的布盖住婴儿。据说，对于早产儿要用袋鼠护理法进行一年左右的护理，对于足月出生的婴儿需要三个月左右，可是专家们认为，袋鼠护理法进行得越多越好。

那么，爸爸这样做，也会有同样的效果吗？有报告指出，爸爸袋鼠护理法同样对婴儿有惊人的效果。

"第一次和孩子肌肤接触，感觉有股暖流通向全身。好像心里有种东西要涌出来似的。这比穿着衣服抱小孩，更让我感到幸福。以后我要经常这么抱小孩。"

——爸爸 罗阵旭

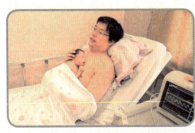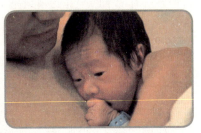

进行袋鼠护理法的时候，爸爸能够用身体感受孩子的心跳。爸爸袋鼠护理法不仅对孩子，而且对爸爸也有特别的效果。

爸爸怀里的孩子以为是在妈妈怀里，摸索着寻找乳房。对于爸爸来说，这种感觉也很奇特。肌肤的触感也好，孩子本能地寻找乳房也好，这都让爸爸感到神奇和自豪。结合袋鼠护理法进行母乳喂养的妈妈们也说，爸爸袋鼠护理法对婴儿的成长有帮助。她们说，袋鼠护理法可以让爸爸亲密地参与育儿，能够让孩子感受爸爸的爱。那么，孩子也会有爸爸感受到的这种感情吗？对此，我们来听一听水原三星女性医院妇产科专家朴正奎给出的答案吧。

"孩子继承了爸爸和妈妈各一半的DNA，孩子不仅和妈妈有亲密的关系，和爸爸肌肤接触的时候，孩子那一半的DNA也会和爸爸'相认'，所以孩子在爸爸身上同样也能感受到亲密感。"

朴医生说，袋鼠护理法不仅对婴儿有帮助，对爸爸也有帮助。从爸爸的立场来看，它可以让爸爸认识到自己在育儿方面的核心作用，从而给他们带来自豪感。另外，通过这些行为，他们觉得自己为孩子做了一些事情，所以从中可以得到满足感。还有，通过这些行为，他们也可以改善自己不足的一面或调整心态。爸爸们说，因为孩子他们心里得到了安宁，缓解了压力，控制了情绪。就这样，随着抱孩子时间的增多，与孩子的视线交集也会增多，爸爸们能够更快地了解孩子的饥饿，感受孩子的痛苦。这些对之后的育儿会有很大帮助。

刚出生的婴儿，现在在爸爸怀里舒服地熟睡。我很好奇，这个婴儿是否会记住与爸爸的亲密接触呢？

# 本特森氏盲目挑战的"父乳喂养"

在这里给大家介绍一位为即将出生的孩子做了一个大胆尝试的爸爸。2009年，瑞典年轻的爸爸本特森（Ragnar Bengtsson），尝试了自己哺乳孩子。当时人们惊讶于一个男子如何哺乳，很快他便成为议论的焦点。

那么，本特森为什么想要自己哺乳呢？制作组赶往瑞典的斯德哥尔摩采访了这位爸爸。

第一个孩子出生后，本特森翻看育儿方面的书时，看见了有关母乳喂养的内容。当时他想，男人也有乳房、乳头，那么男人是否也可以哺乳呢？后来，电视里播放的关于男人哺乳的纪录片坚定了他的想法。而起初，他也只是想如果男人也能哺乳该多好，于是便怀着一颗好奇心开始尝试了。

朗纳尔·本特森父乳喂养的开始

在男人育儿已经成为社会普遍现象的瑞典，朗纳尔·本特森的父乳喂养在当时引起了很大的轰动，成为热门话题。

朗纳尔·本特森为了挤出乳汁，在学校和公司里使用吸奶器。

吸奶器不离身的本特森，回忆刚开始哺乳时的场景说道，"为了父乳喂养，这三个月里除了睡觉的时间以外，每隔三小时我都要使用一次吸奶器。我使用是电动吸奶器，在学校和公司里一有时间，我就会使用。刚开始很疼，因为乳头完全溃烂了。后来就好多了。"

这次实验是瑞典某个电视节目举办的，实验的目的是为了得到一点儿爸爸的乳汁。实验搜集了许多相关资料，并参考了有关父乳喂养可行性的资料。

对此，专家们指出，人类不可能实现父乳喂养。瑞典卡罗林斯卡医学研究所的西格布里特·沃纳（Sigbritt Werner）教授是这么说的：

　　"持续刺激男性乳房，也许会得到'一两滴'乳汁。可是，由于男性身体结构的特殊性，'真正'的哺乳是不可能的。"

男人和女人一样，也有乳房和乳头，可是为了能使男人的乳房发挥作用，应该给予长时间的刺激才行。即每天需要6~8回的刺激，这样才能可以尝试哺乳。给予长时间有规律的刺激，男性乳房或许能够分泌乳汁。这种刺激会让男性乳房变大，乳头周围的乳腺变发达。可是，男性到底能分泌多少乳汁，乳汁的营养含量如何等问题，并没有得到科学的鉴定。亚瑟·布伦南教授也指出，父乳喂养和父代母育综合征没有关联。只有男性激素出现问题时，才有可能实现父乳喂养。

因为过去在瑞典没有出现过父乳喂养的先例，所以朗纳尔·本特森承受了巨大的舆论压力。结果，父乳喂养实验以失败告终。当然，他们一开始也没有期待实验会成功。那么，本特森通过父乳喂养的实验，想感受什么？想得到什么呢？他为什么在那种非议与嘲笑中，还坚持自己的信念，尝试父乳喂养呢？西格布里特·沃纳教授指出，本特森的这次尝试，对形成与孩子的情感纽带有很大的帮助。

本特森的父乳喂养，虽然不是一次成功的尝试，可是对形成与孩子的情感纽带却有很大的帮助。

"尝试哺乳时的肌肤接触，会让爸爸与孩子、脸与身体有更亲密的接触，孩子也能听到爸爸的心跳声。这种行为，比用手接触孩子更能形成与孩子的情感纽带。"

很显然，实验结果是本特森没能分泌出乳汁。即使分泌了乳汁，可能也会有营养方面的问题，而不能给孩子喂养，所以这次实验可以说是一次失败的尝试。可是，本特森说他想引起全社会关于爸爸育儿的讨论。他还强调，这次实验的意义是提出了父母的育儿作用，提供了父乳喂养的可能性，而且引起了大众的重视。

"值得肯定的是，这次实验对我来说很有意义。我想给别人传达的信息是，如果自己不想成为对孩子而言的过路人，那么从孩子出生的那一刻开始，就要站在育儿的中心。"

朗纳尔·本特森认为，父乳喂养的目的是，让所有的爸爸站到育儿的中心。如果孩子出生的时候，爸爸的角色是孩子的过路人，那么以后还会是过路人。不想成为过路人的话，那么从孩子出生的那一刻开始，就要站在育儿的中心。

起初，本特森是怀着好奇心开始实验的。后来他的努力和举动引起了有关爸爸参与育儿的平等性、主体作用的话题讨论。他还说，想通过父乳喂养提高好爸爸的标准。这无非是已有两个孩子的爸爸，向世界发起的古怪的挑战。对他来说这是有意义的，也许也会引起其他爸爸们父爱的觉醒。

### 全世界都为之震惊： 另类的"父乳喂养"

与孩子建立关系时，妈妈的母乳喂养起着特殊的作用。抱着小孩的妈妈和吃奶的小孩，世上任何人都不能将他们分开。当妈妈给孩子喂奶时，一旁的爸爸会有怎样的感受呢？

有一位爸爸向妈妈的这种特权下了挑战书。他就是前面提到的瑞典新一代爸爸——朗纳尔·本特森。即使是在比我们国家更早普及爸爸育儿观念的瑞典，他的另类举动还是引起了轩然大波，当时人们说他是"疯子""恶心""不符合自然规律"。

尽管别人对他有种种非议和嘲笑，他还是认为，这次实验是与孩子形成情感纽带的挑战。

朗纳尔·本特森的这次挑战，也给我们国家带来了一股冲击波，他的实验也相继被转载报道了。下面我们来看一下朗纳尔·本特森尝试父乳喂养的一些相关报道。

**"我要用父乳喂养孩子。"**

这是美国The Post Chronicle等媒体的报道。

今年年末有了第二个孩子以后，为了能与孩子更亲近，他下决心要用父乳喂养。

他说："如果对我没有坏处，可以考虑尝试一下。如果能够用父乳喂养，那么孩子就能和我更亲密了。"本特森为了分泌父乳，从上星期开始，每三小时用吸奶器吸一次奶，而且一有空就刺激自己的胸部。

本特森在瑞典名牌大学斯德哥尔摩大学主修经济学。上课的时候，他也是毫无顾忌地袒胸露乳，用吸奶器吸奶。"到了吸奶的时候，不管在什么地方，周围有没有人，我都要坚持吸奶，如果别人因此笑话我，我觉得那只是他们自己的行为，和我并没有关系。"

本特森也知道，别人在议论、嘲笑自己，他说："我知道，有些人会接受不了。还有的人说我很愚蠢。"

不管怎样，他的意志很坚决。他主张："如果男人也能哺乳，那么这将会成为惊人的发展（breakthroght）。"

卡罗林斯卡研究所的西格布里特·沃纳博士是这么评价这次实验的："如果持续刺激内分泌，三四个月后也许能分泌一两滴乳汁，可是不会达到哺乳的程度。"

对本特森的采访，预计9日将在瑞典TV8台播出。他还打算在电视台网页上开设博客："喂奶的男人——一次一滴"，发表实验近况。

对此，网友们称"能挤出一两滴也很神奇"，暂且不谈这次实验是否愚蠢，网友们倒是更好奇实验能否成功。

[参考]
东亚日报，2009-9-7

# 日本新爸爸的父爱教育

日本东京的某个区政府，每星期都会举办一次婴儿按摩课堂。来参加的大都是一些孩子未满十二个月的新爸爸、新妈妈们。

今天的课程内容是给婴儿按摩。这次完全是由爸爸给婴儿按摩，妈妈只是在一旁观看。因为平时爸爸和孩子在一起的时间相对于妈妈较少，所以通过肌肤接触可以让爸爸有更多机会和小孩建立亲密关系。

爸爸们为了不伤到婴儿的皮肤，轻轻地给小孩身上涂满了油，然后从小孩的脚开始，慢慢地抚摸婴儿的全身。按摩肌肉有助于发育，皮肤刺激可以传达到大脑，这对婴儿的情绪和智力开发都有很大的帮助。因此，爸爸的按摩对小孩身心发展都有好处。不过，最重要的是，爸爸通过给小孩按摩，能够积累育儿的自信心，也会对小孩产生更强烈的爱。

爸爸的按摩对婴儿的情绪稳定和智力开发有很大的帮助，也能让爸爸对育儿更加自信、更爱小孩。

"给小孩按摩，能让我真切地感觉这是我的小孩，温暖的皮肤接触能让我的这种想法更强烈。"

——爸爸 日高友久

42

"小孩子特别可爱。我觉得与孩子的肌肤接触是必需的，通过肌肤接触，我感觉我们好像联系在了一起似的。"

——爸爸 金子丰

"因为是第一个孩子，所以不知道该怎么和他玩。通过按摩，学到了很多和孩子玩的方法，以及和小孩相处的方法。"

——爸爸 杉山先

现在的新爸爸们还是很不习惯照顾孩子，发挥他们的这种作用还需要长时间的反复学习。

比起通过怀孕、分娩，直接与小孩产生联系的妈妈，爸爸只能落后一步。所以，对于爸爸来说，与小孩的独处时光很重要。如果能够得到妈妈的鼓励和信赖，爸爸育儿可以取得更好的效果。

金英勋博士说，爸爸和小孩的肌肤接触很重要。经常有肌肤接触的孩子，他们的情感会比较丰富，继而社会性也会提高。人们通常认为和孩子一起洗澡时，肌肤接触的效果最好。那么，曾经和爸爸一起洗澡的孩子，他们在青少年时期的社会性会怎样呢？在查找相关论文时我发现，曾经和爸爸一起洗澡的孩子中，青少年时期出现叛逆行为的只有4%。与此相反，没有和爸爸一块儿洗澡的经历的孩子，青少年时期出现叛逆行为的概率却高出了10倍。

"影响情感和社会性的代表性激素就是后叶催产素(Oxytocin)。与父母肌肤接触时孩子会产生这种激素，特别是一起洗澡时，这种激素的分泌会更旺盛。后叶催产素能让人感到幸福，在和别人相处时更容易感到亲密友善。所以说，后叶催生素对社会性有很大的影响。"

后叶催产素一直被认为是妈妈特有的激素，后来研究发现，爸爸身上也有后叶催产素。这种激素对爸爸和孩子，甚至和妈妈之间情感纽带的形成有很重要的作用。所以说，后叶催产素是决定家庭幸福的激素。

日本的心理医生山口始在《孩子的大脑在皮肤上》一书中写道："不管孩提时候，还是青少年时候，和父母的肌肤接触越多，将来他越有可能成长为积极向上、情绪稳定的孩子。"他还将孩子与妈妈、爸爸肌肤接触时的不同效果进行了对比。和妈妈的肌肤接触，能让孩子增强，自己是值得珍惜的自信心，和爸爸的肌肤接触，能让孩子增强自我存在感。即如果说照顾和信赖是母爱成果的话，爸爸带给孩子的意义则是沟通和交流。

肌肤接触不仅会对孩子产生影响，也能够加深母爱或父爱。隔着玻璃窗看新生儿和将孩子抱在怀里，父母的感受肯定有天壤之别。同样的，父母与孩子的肌肤接触越多，对孩子的爱也会越深。

# 读懂了父亲的爱

对新角色仍感生疏的新爸爸们，或许还像做梦似的，没有真实的当爸爸的感觉。可是他们能够感受到自己心中慢慢滋长的父爱。

制作组对参加EBS节目录制的爸爸们进行了采访。当被问到如何看待好父母、好爸爸时，他们说爸爸和妈妈要当好父母，关键在于自己的改变。如果说，父母是引导孩子走向社会的人，那么父母应该首先改变自己。所以说，做个好父母可能是一件令人激动而需要谨慎对待的事情。虽然知道这是一个艰辛的旅程，但是当他们怀抱着小孩，感受孩子细小的呼吸时，心中又重新燃起了希望。

"我想，今后要过积极健康的生活，我要改变自己。好爸爸在家里也应该是伟大的存在。我想成为这样的爸爸。也许因为我一直都过着奔波忙碌的生活，所以我想让自己的孩子过充裕、从容的生活。我小时候没有做过的事，希望孩子能做。我想，再忙也要挤出时间和家人在一起。"

"我觉得现在的爸爸像是一部手机，需要经常使用，而且还有多种技能、多媒体升级等。所以说，爸爸是超人。不过，我有信心做个好爸爸。可是，孤军奋战肯定会很辛苦。现在的社会手机是一个必需品，没有手机人会感到不安，就像手机似的我也想成为孩子生活中不可或缺的那个人。"

"好爸爸和孩子在一起的时候能感到幸福；能明白孩子想要的东西；能用孩子的眼光看世界。"

"我觉得，孩子不同的成长阶段需要父母不同的爱。孩子幼年时，需要我们当保护者；青少年时期，需要导师、领路人等。我想成为关注孩子的爸爸，还想成为像朋友一样的爸爸，还想受到尊敬……是不是过于理想了呢？"

新爸爸们的理想很远大，也很真挚。可以看出，他们已经认识到，改变自己才能当好爸爸。另外，他们成为爸爸以后，发生的最大变化是，他们明白了之前一直被遗忘的、不曾了解的自己父亲的爱。

吾俊的孩子出生已有一百多天了。这期间他的生活发生了很大变化。都说成为爸爸是男人的重生，吾俊就是这样的。众所周知他是一个粗线条的人，可是如今却变成了一个会洗衣做饭的细心的家庭主夫了。

孩子出生后，第一次带孩子拜访自己的父母时，当了爷爷奶奶的父母高兴得一口气下楼来迎接他们。看着父母对小孩，含在嘴里怕化、捧在手里怕掉的样子，吾俊感到很欣慰。

后来，吾俊和爸爸一起去钓鱼。他们已经很久没有这样一起出门了。爸爸拾起了一些回忆的碎片，说道"我和儿子两个人第一次来钓鱼是吾俊初中的时候"，接着自言自语道，昨天自己还在念叨"儿子，儿子"，一转眼现在儿子也对自己的儿子念叨"儿子，儿子"了。

"小时候吃饭时，我停下筷子不想吃的话，父母就劝我，让我吃完。我说不想吃，他们还是坚持让我吃完。昨天妻子给小孩喂奶，小孩喝了一点就不喝了。当时，我就觉得不喝完不行，所以用小茶勺把奶瓶里的奶一滴不剩都喂给了他。那时，我想起了我小时候的事情，不禁感慨万分，原来我的爸爸妈妈也是这种心情。"

吾俊说，自己要继承父亲的优点，保留遗憾的部分，要塑造一个好爸爸的形象。领悟爸爸的爱，这是吾俊成为爸爸以后才有的新的感受。亚瑟·布伦南教授强调，家庭环境对孩子的成长有很重要的作用。

"我觉得，我好像继承了父亲的行为。因为孩子是感受着父母的爱成长的，所以，对于儿子来说，爸爸就是典范。家庭环境对孩子学习爱和纪律有很重要的作用。"

吾俊成为爸爸以后，慢慢读懂了过去三十多年一直没有理解的父亲的爱。

# 4

# 养育是谁的领域

# 女性的身份是养育者

孩子一出生，爸爸就跑到婴儿室去看小孩了。爸爸想待在小孩身边，可是和孩子在一起的机会并不多，最多只能小心翼翼地抱一下，或给孩子拍个照。小孩喝奶时找妈妈，而给小孩喂奶的妈妈注意力全部集中在孩子身上。这时，可以说妈妈和孩子连成了一体。所以，好像没有爸爸能插进去的空隙。爸爸好不容易下决心要给小孩洗澡，小孩却哭着要找妈妈。小孩一到妈妈怀里马上停止了哭泣，很快便忘记了刚才的不愉快。这种情形让爸爸觉得有些尴尬。

即使回到家，这种情况也没有改变。因为爸爸动作笨拙，所以总被妻子责骂。制作组观察了一对新爸爸和新妈妈的育儿行为。我们先来看一下，他们给孩子洗澡时的一段对话。

> 爸爸：水温太高了吧。
>
> 妈妈：你的手凉，用你的手碰小孩的话，他会吓着的。
>
> 爸爸：……
>
> 妈妈：快点快点！爸爸今天怎么这么慢啊。
>
> 爸爸：准备好了。
>
> 妈妈：应该把耳朵堵上。爸爸一点常识都没有。

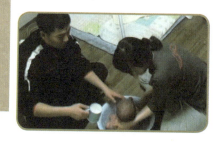

虽然爸爸很认真地做，得到的却是妈妈的唠叨和挖苦，所以爸

爸只能像罪人一样，退缩到一旁。哄小孩睡觉的时候，夫妻又开始争吵了。

爸爸：儿子啊，你看谁来了？
　　　是不是爸爸？
妈妈：走开！哄孩子睡觉呢，不
　　　要妨碍我们。
爸爸：知道了。（在一旁总想摸
　　　小孩）
妈妈：叫你不要妨碍我们。我要
　　　哄他睡觉。
爸爸：我只是看看，笑笑而已。
妈妈：你安静地待着吧。

　　结果，在一边徘徊的爸爸被妈妈撵走了。其实，刚刚分娩的女人，神经会变得有些敏感。她们睡眠不足，身体也疲劳。生完孩子以后，她们仿佛成了孩子的守卫者。所以，有时候爸爸会觉得自己被排斥了。梨花女子大学心理学教授方熙庭是这么评价妈妈的守卫者心理的：

　　"长久以来，女人通过家务劳动和养育孩子来确立自我本质。也就是说，这些领域专属于女人，这是经过长时间的进化而逐渐形成的。如果男人要介入或参与，她们就会觉得丈夫侵犯了自己的领域。"

很久以来，一直是男人在外谋生活、成为经济活动的主体；女人在家做家务、照顾孩子。在女性参加社会活动的现代社会已经摆脱了这种传统观念，可是女性依然担当着主要养育者的角色。换言之，女性用以标明自己身份的依然是家务和养育。所以，如果男人要介入这一领域，尤其是面对专职主妇或夫妻间存在矛盾时，她们就更不希望被丈夫夺去自己的专有权利。到目前为止，女性存在的理由是，作为主妇、作为妈妈、作为妻子的作用。所以，她们会认为自己的专属领域被侵犯了。可是奇怪的是，如今参加社会工作的女性越来越多，实现了男女平等，但是上班族女性却要承担高于男性3倍之多的育儿工作。也就是说，在现代社会里，男人依然是"猎人"，女人依然要做家务、照顾孩子。

方教授指出，大部分女性通过子女的教育问题，确认自己的能力，认为自己在这一方面比爸爸更专业。可是现实生活中，她们却又迫切需要爸爸的帮助。自从女性开始参加社会工作，她们便很难再独自承担育儿工作。同时，她们也认识到，只有得到父母双方的爱，孩子才能更健康地成长。但很多爸爸没能满足妈妈的期待，所以妈妈们也不能更多地指望他们。因为在妈妈眼里，爸爸的育儿是不成熟、不稳定的。所以，妈妈要监督爸爸的行动，同时也时刻盯紧自己的权利是否遭到侵犯。

方教授说，**优质育儿最重要的条件，就是良好的夫妻关系**。夫妻关系不好的时候，爸爸的育儿能力即使再出色，也会遭到妻子的抵抗和警戒。但是，夫妻关系良好则可以互相取长补短，提高育儿的质量。

从对孩子的关爱程度来说，帮助妈妈的人是爸爸。曾经，爸爸的作用和妈妈很不相同，现在爸爸和妈妈一道关爱自己的孩子了。

# 妈妈是看门人

　　爸爸和孩子之间总会有妈妈。所以说，妈妈是"看门人"。妈妈的行为能带领爸爸进入育儿的领域，也能让爸爸远去。

　　研究"妈妈看门人"行为（Maternal gatekeeping）主要是研究妈妈阻挡和妨碍爸爸育儿的行为和此种行为背后的心理因素及其对育儿的影响。

　　美国杨百翰大学家庭研究中心莎拉·艾伦（Sarah Allen）教授，在她的研究报告中写道，现实生活中，控制和决定爸爸育儿的因素是妈妈的看门人角色。

　　她在美国五个大城市中，对职业女性进行了调查。结果显示，研究对象中21%的人属于看门人群体，37%的人属于协助者群体，而42%的人属于中间群体。其中，看门人群体中的女性，比别的女性每星期多做五个小时的家务，而她们的配偶每星期参与育儿的时间，比其他群体的配偶要少八个小时。

　　她是这样回答《纽约时报》的记者的：

"妈妈们觉得，自己在育儿方面比丈夫更有能力的时候，她们便变成了看门人。虽然她们认同，丈夫在家庭中也应该承担同样的义务，可是实际上她们不相信丈夫能做得和自己一样好。"

制作组为了了解日常生活里妈妈的看门人行为，观察了一个打算在公园度过周末的家庭。

孩子和爸爸准备一起外出。爸爸的动作看上去很生硬，小孩不愿意洗脸，爸爸怎么哄也无济于事。结果妈妈看不下去，来到洗手间。看着妈妈娴熟的动作，爸爸感到有些难为情，自动往后退去。妈妈甚至还能轻松地给小孩抹孩子不喜欢的防晒霜。爸爸给孩子穿衣服的时候，妈妈的唠叨也没有停止。一般而言，妈妈的看门人行为主要表现在，给孩子洗澡、换尿布、喂奶、穿衣服等方面。在家务中，像洗碗、打扫、洗衣服等男人不能细心做好的事情，妈妈们就显得更敏感。也许，在妈妈眼里，爸爸做家务或育儿都很笨拙，不得要领。

接下来，我们来看一下外出过程中他们的行为变化。爸爸推着婴儿车，但是没有给小孩系安全带。爸爸认为，孩子会觉得闷，不系也可以。但是，在妈妈看来这是危险的。对妈妈来说，孩子的安全是第一位的。不顾孩子的哭闹，妈妈还是把小孩的手脚塞进去，系好了安全带。

# 妈妈的看门人行为

爸爸有自己的育儿方式，妈妈也想坚持自己的育儿原则，由此引发了妈妈的看门人行为。

爸爸的行为看起来不成熟，或不符合妈妈的原则时，妈妈就会做出看门人的行为。

在公园里他们看到了小松鼠，于是爸爸要抱着小孩去看。他觉得小孩子都喜欢动物。但是，这种行为违背了妈妈的卫生观念。

在这里，我们可以这样理解妈妈的看门人行为。

第一，妈妈对育儿有很高的责任感。第二，妈妈要坚持自己的标准。第三，妈妈要管理、监督爸爸。第四，妈妈设定了男女的领域。

即虽然爸爸有自己的育儿方式，可是不能被"看门人"妈妈所接纳。她们不会接受打破自己原则的事情，即使是孩子的父亲也不行。

"我有些着急。我希望我丈夫能够按照我的方式对待孩子，可能是因为和孩子在一起的时间不多，他在很多地方都显得很不熟练。"

——妈妈 张友欢

"要我马上改变所有的习惯，当然是不容易的。我希望，妻子在一旁只是安静地等待我变得熟练，或适当地教我，让我慢慢改进也好。"

——爸爸 韩俊奇

妈妈希望家人遵守自己规定的原则。当她们把爸爸当成助手的时候，她们的看门人倾向就会变得更加明显。也许，她们想通过这些行为，得到好妈妈、好妻子的评价。如果妈妈为了出色地完成家务和子女教育工作，把父母的作用按照传统进行划分的话，这将给孩子的成长和家庭和睦带来负面影响。甚至有时候看到孩子和爸爸在一起，妈妈就会觉得受到了威胁，继而她们会无视爸爸的本质，

"野蛮"地干涉。对此，罗斯·D.帕克教授是这么说的：

"妈妈对爸爸说，'你们也应该照看孩子。但是肯定不如我'。这些表现就是妈妈的看门人行为。"

结果，妈妈的看门人行为阻挠了爸爸的育儿。爸爸只有按照妈妈的方式进行，她们才会打开育儿的大门，所以当她们感到辛苦、疲劳的时候，往往找不到依靠的对象。妈妈希望爸爸打开大门进来，可是手握钥匙的人是妈妈自己。所以，应该由妈妈邀请爸爸进入育儿的领域。只要妈妈能够稍微鼓励爸爸，忍耐爸爸的不熟练，我相信爸爸们一定也会积极参与到育儿中来的。爸爸育儿对孩子很有帮助，因为孩子可以在生活中找到爸爸的位置。而且，妈妈认可爸爸的育儿，也会让爸爸感到幸福。方熙庭教授是这样强调爸爸育儿的：

"实际上，妈妈充当看门人角色是因为她们在这些领域比较专业，所以她们对别人不放心。虽然说，爸爸参与育儿的决心很重要，但是更重要的是爸爸的育儿质量。爸爸能否做好育儿工作，也许会因人而异，但是成熟的妈妈应该耐心等待。"

经过妈妈的指导教育后，爸爸再用自身特有的方式参与育儿，我相信夫妻双方就能够建立起互补的、值得肯定的关系了。当妈妈打开心扉、耐心等待、认可爸爸能力的时候，爸爸育儿才会取得更大的成果。

# 各走各的？一起？

各走各的，还是一起走？

# 妈妈们，邀请爸爸参与育儿吧

妈妈和爸爸的育儿方式不可能完全一样，所以由两个人共同育儿才是正确的。如果爸爸对育儿表现得漠不关心，或许我们能从妈妈那里找到原因。也许妈妈没有邀请爸爸来当育儿的搭档。妈妈应该认识到，爸爸育儿和妈妈育儿不同这个事实。我们来看一下罗斯·D.帕克教授说的一段话。

"不管从文化层面还是生物学的层面来说，妈妈比爸爸在为人父母方面所做的准备要更完善一些。女性在成长过程中，可以持续地练习母爱行为。相反，男性却需要学习很多东西。如果给男人机会，相信他们也能做得很好，可以成为值得信赖的保护者。爸爸也能够像妈妈一样，给孩子喂饭，对孩子的声音做出相应的反应，可以和孩子一起玩乐。可是，男人没有这种机会。"

其实大部分的妈妈也希望丈夫参与育儿。因为她们也认可爸爸育儿有积极的效果。所以，妈妈应该适当降低爸爸育儿的标准，而且应该认识到，爸爸不是孩子的第二保护者，而是和妈妈一样是育儿的主体。也就是说，妈妈应该认识到，在互相信任的基础上，需要建立父母角色的伙伴关系。妈妈积极帮助爸爸参与育儿，细心指出爸爸育儿的不足之处，才能让爸爸育儿得到进步。这对彼此都有好处。妈妈可以让爸爸分担育儿和家务，爸爸通过育儿，能够感受好的心情、得到满足感、和孩子变得更亲近。

帕克教授指出，从父母那里得到积极影响的孩子，以后才能表现得更积极。因为，孩子可以和爸爸更快地建立关系，可以和两个不同的保护者交流。总而言之，爸爸参与育儿有益无害。如果妻子希望丈夫成为好爸爸，就应该鼓励丈夫参与育儿，而且也应该认识到，爸爸育儿对自己、对丈夫、对孩子都有好处。爸爸与孩子的关系，也会影响到妈妈与孩子的关系，这一切其实都有关联。帕克教授还说，爸爸育儿不局限在对新生儿的养育上。

"一直以来，我们都低估了爸爸的角色。他们的作用和妈妈不一样。特别是孩子长大后，到了青少年时期，进入成年期，爸爸的影响力会变得更大。"

儿时和爸爸建立友好关系的孩子，今后可以以此为基础，在社会生活中建立良好的人际关系。方熙庭教授着眼于我们国家的现实情况，这样评价父母育儿的难处：

"最近，其实有很多妈妈没有尽到母亲的责任。因为各自都很忙，并非所有的家庭成员都能感到幸福。其实，家人需要的仅仅是能在一起，互相沟通，共同分享。可是这一点很多家庭都做不到。妈妈因为家务繁忙，不能用全部的母爱对待孩子；爸爸在竞争日益激烈的社会中辛苦劳累，常常心有余而力不足，回到家里和孩子在一起的机会也不多。可是，孩子们是不会等待的。孩子们一天天长大，他们需要很多东西，需要妈妈温暖的怀抱和爸爸宽厚的肩膀。"

从某种意义上说，爸爸的父爱比怀孕妈妈的母爱晚十个月出发。为了弥补这个差距，爸爸们需要更多的时间和加倍的努力。"爸爸"这个称谓是孩子赋予男人的，所以爸爸应该和孩子一起寻找爸爸的角色。爸爸和孩子在一起的时候，他们的父爱本能之灯会更加闪耀。那么，接下来我们来看一下沉睡的父爱拥有的惊人能力和影响力吧。

第二章

# 爸爸的逆袭

"爸爸想给孩子打开通往世界的大门，所以爸爸说：'试一下！'可是，妈妈却说：'还没到时候。'爸爸鼓励孩子，妈妈保护孩子，所以家庭才能维持平衡。"

# 1

# 沉睡的育儿能力开始苏醒

# 韩国爸爸的育儿休假现状

对孩子来说，妈妈是世上最温暖、最安全的港湾。特别是刚出生的小孩和幼儿时期的小孩，更需要妈妈的怀抱。对孩子们来说，妈妈的爱给了他们整个世界。而现在爸爸们向这个世界发起了挑战。

爸爸肯定具有妈妈不能给予孩子的某种东西。甚至，他们对孩子的成长还会有更大的影响力。那到底是什么呢？当今社会开始关注，爸爸在育儿方面的作用，爸爸们沉睡的惊人影响力开始慢慢苏醒，爸爸们愉快的逆袭即将开始了。

早晨上班时间，李昊俊家庭中出现的场景和别的家庭没有什么区别。可是，抱着幼小的女儿送人的不是妈妈，而是爸爸。妈妈和孩子微笑道别后便上班去了。即使妈妈要上班去，女儿海仁也不缠着妈妈，而是微笑着说再见。看海仁不哭不闹的样子，似乎她已经习惯了妈妈上班。送走妻子后，昊俊熟练地背起海仁，然后系上婴儿背带。接下来他要打扫屋子、洗碗，然后准备送大点的孩子海润去儿童之家（孩子上幼儿园前去的类似幼儿园的地方）。昊俊是教育行政公务员，现在在休育儿假。就这样，他轻轻地背起海仁，开始了主夫爸爸一天的生活。

"主要是想亲自带孩子，而且通过育儿也能换位感受主妇的立场。一般，育儿休假要顾及公司的情况，有可能对晋升不利，可是因为我是公务员，所以情况相对好一些。"

每天早晨，爸爸抱着还是婴儿的小海仁，送走上班的妈妈。

妻子因为在公司上班，申请育儿休假很麻烦，不过幸亏昊俊是公务员，有职业优势。就这样，昊俊满怀信心地开始了育儿休假。可是育儿并不是轻松的事情。朋友们都说，男人育儿是白费力气，根本做不了。果然，昊俊刚开始横冲直撞，到处碰壁。不过庆幸的是在妻子休三个月产假时，他跟妻子学的一些育儿常识如今都派上了用场。

大概过了两个月，孩子和爸爸彼此完全适应了。昊俊得到了父母的鼓励，还有妻子和妻子朋友的热烈呼应，昊俊现在俨然成了育儿达人。他不用化学剂消毒奶瓶，更喜欢通过开水煮的方法消毒，昊俊细致的育儿不亚于妈妈。打扫屋子后，马上又抱着哭闹的海仁一起玩耍。紧接着换尿布、给孩子洗澡、冲奶粉、去接大的小孩、准备孩子们的零食、准备晚饭……主夫爸爸的事情好像没完没了。

# 主夫爸爸的一天

现在，无论是背孩子，还是给奶瓶消毒、孩子洗脸、换尿布等，昊俊都能熟练地做好，他已经成为一个合格的主夫爸爸了。

开始参与育儿和负责家务的昊俊，本来和普通的韩国男人并无两样，认为每天上班下班、努力工作就是爸爸的全部职责。可是，自从有了第二个孩子，妻子开始忧虑育儿问题后，他就不假思索申请了一年的育儿休假。刚开始，陪着孩子都让他觉得很疲劳，而且他担心邻居大妈们误会自己是"无业爸爸"，所以有些难为情。但是，现在这些都变得自然了。开始的时候，他和妻子商量自己只负责带孩子，妻子来做家务，可是因为全职在家，后来他不知不觉中也开始做起了家务。

现在完全适应育儿和家务的昊俊，开始做的时候还显得笨拙和生硬。过了一段时间后，他觉得："尝试以后发现，这些其实并不难，爸爸也能做到，爸爸也能做好！"现在，他对孩子了如指掌，听到孩子的哭声，十之八九也能猜出孩子为什么哭了。

甚至，他还多出了一项比妻子擅长的技能，那就是给孩子喂药，他能够一滴不剩地让孩子喝完。现在，即使妈妈在家，喂药的事情还是由他来负责。给孩子抹药也是他亲自做。小孩子经常磕碰，所以他专门负责抹药、贴胶布。在以前，这些事会由妻子来做，而现在的他眼睛一刻都不想离开小孩子了。

第一个孩子出生的时候，他只是在一旁观看，现在他比妈妈更早知道换尿布的时间，经常会说"啊，是不是该换尿布了"；听到孩子哭，他也会知道孩子是因为肚子饿还是因为想睡觉，然后比妻子更早一步去照看孩子。妻子说，丈夫最大的变化是他知道孩子想要什么。

最近，昊俊不仅要照顾小女儿海仁，而且还要照顾老大海润。5岁的海润自从有了妹妹以后，变得爱矫情、爱闹腾了。因为海润有了妹妹以后，心里有压力了，所以爸爸妈妈会尽量满足海润的要求。可是，如果海润过分无理取闹，爸爸也会严厉批评。这时孩子就会躲到妈妈身后，因为妈妈平时上班，所以对孩子心软。可是爸爸不会，他的教育方式是用力量。他让海润坐到自己前面，抓住孩子的手，有条不紊地给孩子讲道理，被爸爸的理论和力量制服的海润呜咽着。海润通过这个过程知道了有些事情是不被允许的。

爸爸适当安慰孩子的心理，但是会坚决改正孩子的错误。

爸爸也可以成为熟练的养育者。在和正长身体的孩子一起玩运动型游戏或逗孩子笑方面，爸爸似乎比妈妈更胜一筹。今后更理想的育儿方式应该是，爸爸发挥自身特有的优点，了解孩子喜欢的和孩子希望的，然后和孩子打成一片。

虽然社会上对男人育儿休假的认识普遍提高了，可是在我们国家，爸爸的育儿休假还是遥不可及的。过去的2008年，男性育儿休假人数是355名，2009年是502名，2010年超过了819名，2011年增加到1 402名。调查结果显示，2011年比2010年增加了74%。男性育儿休假的人数原本就少，所以人数增加一些也像是急速增长。实际上，男性育儿休假人数只占到整体育儿休假人数的2%。

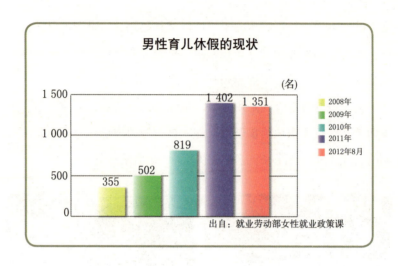

男性育儿休假的现状

(名)

出自：就业劳动部女性就业政策课

　　休育儿假的男性中，有48%的人在员工超过300名的大型公司里工作。而且大家普遍认为，在我们国家除了国家机关的员工外，其他人很难享受育儿休假。女性申请育儿休假也要顾及公司的情况，更何况是男性，所以男性育儿休假几乎是不可能的。虽然社会上公认，想要成为好爸爸，男性也应该参与育儿。可是实际上，认识和现实是两码事。

　　育儿休假很难实现，重要的原因之一便是经济条件的限制。新增了人口，家庭开支也会增多，所以丈夫们也希望妻子不要在家带孩子，而是上班挣钱。那么，经济原因解决了，男性育儿休假的人会增多吗？答案是不一定。因为在我们国家，大男子主义思想还是很流行。任何公司的雇主都不会轻易批准男性育儿休假，他们会认为这种行为不像男人，他们觉得育儿是女人做的事情。而且，如果申请育儿休假，在公司里的处境也会变得很尴尬。因为，社会上还存在一种观念，那就是顾家的男人没有事业心。女性也因为同样的原因不能放弃工作，最终这直接导致了社会的低出生率。

但是，社会在进步。现在大家已经认识到男性育儿的必要性。现在很多三四十岁的年轻爸爸们都想多花点时间和孩子在一起。而且，这个时代正在改变理想的爸爸形象。如果社会意识能够改变的话，那么通过积极的就业政策就有可能实现消灭失业现象和保证男人育儿休假的实施。所以，我们应该认识到，男人育儿休假不是个人问题，而是应该引起广泛讨论的社会问题。

某新闻社的设问调查中显示，针对"如果妻子的经济条件允许，丈夫是否愿意在家当专职主夫"的提问，回答"愿意"的20~30岁的男性竟然占了70%，而女性愿意丈夫当专职主夫的只有46%。男性愿意当专职主夫的条件是妻子月收入能达到360万，而妻子则希望是470万。

另外，针对"维持家庭生计是男人的责任吗"这个问题，48%的男性和75%的女性回答了"不是"。被问到"家务、育儿是女性的责任吗"，66%的男性和72%的女性回答了"不是"。

统计厅的报告显示，从2011年开始，近五年里专门从事家庭工作的男性增加了35%。2010年男性非经济活动人口（没有就业，非在职、非失业的年满15岁以上的人）中，活动状态显示"家务"的人数达到了15.6万名。

另一方面，国税厅的报告分析了2008年综合所得税的申请人。分析结果表明，女性的比例从2005年的35.5%增加到2008年的40.3%，其中每100名女性中有18名女性的丈夫是没有经济来源的家庭专职主夫。男性主夫的增多说明随着更多的女性参与社会工作，人们对社会生活及家务的已有性别差异认知也在变化。

# 配偶产假制度

妻子开始阵痛，可是因为工作太忙，妻子临盆时，估计丈夫不能陪同了；或者虽然新添了家庭成员，可是丈夫忙到连好好抱抱孩子的时间都没有。现在，这种情况都已经成为过去。因为，我们国家也新制定了可以使男人兼顾工作和家庭的"配偶产假制度"。

就业劳动部于2012年2月发布了男女平等就业和支持工作—家庭兼顾的相关法律以及"劳动标准法"的修正案。有300名以上员工的企业，从2012年8月开始实施新的劳动制度，公司员工少于300名的企业预计会从2013年2月开始实施。

**Q：谁能享受配偶产假？**

配偶分娩时，所有的男性员工都可以享受。

**Q：配偶产假有几天？**

配偶产假期是3～5天。雇主应该在5天范围内，最少给员工3天以上的假期，同时，假期的前3天应该是带薪假期。

即使员工申请未满3天的假期，雇主也应该批准3天以上的假期。

通常配偶产假要考虑妻子分娩以后的事情或分娩之前的准备等，所以休假期除了包含分娩日期，还包括分娩前的一两天。

**Q：员工没有另行申请，能享受假期吗？**

不可以。想要休假的员工应该在配偶分娩日的前30天向雇主提交申请。同时，休假可以从分娩日的前30天内开始，而且休假结束日可以超过分娩日30天。

不享受配偶产假，不会得到经济补贴。

**Q：员工申请5天的配偶产假，可是雇主只允许3天怎么办？**

可以。规定"员工申请休假时，雇主在5天范围内，最少给3天以上假期"，所以在相关范围内雇主可以调整。

**Q：如果从星期五开始享受5天的配偶产假，会怎样？**

配偶产假是根据日历上的天数来计算。所以周末也计算在假期里。如果员工在星期五申请休假，那么配偶产假是，从星期五开始到下星期二的5天。因此，通常是星期五享受年假，然后从星期一开始享受配偶产假。

**Q：雇主不允许配偶产假，怎么办？**

拒绝批准员工配偶产假的雇主，将被处以500万韩元以下的渎职罚款。同时，不批准3天以上的配偶产假，也会被处以渎职罚款。

配偶产假前后再加上周末，可以有近10天的时间和分娩的妻子、孩子在一起。可是，想和家人在一起的爸爸觉得，这些时间远远不够。不过，不管怎样丈夫还是参与了妻子的分娩，所以这些制度是值得肯定的。另外，如果对配偶产假制度有疑问，可以向就业劳动部客户服务中心（1350）咨询。

# 爸爸和孩子建立关系的各种方法

爸爸和妈妈一样也是育儿的一员，所以，他们也会对如何与孩子建立关系而感到苦恼。孩子通过与爸爸的接触能感受到妈妈不曾展现给孩子的新的世界。通常，爸爸在活动型游戏方面的能力比妈妈强。所以，成长期的孩子和爸爸一起玩，会感到更开心、更尽兴。现在，活动型游戏已不再是爸爸与孩子建立关系的唯一方式了。因为，越来越多的爸爸在育儿过程中，正在尝试各种方法与孩子亲近。

住在横滨的三岛，正和孩子一起回家。刚刚十一个月大的女儿京，最近对什么都感到好奇。三岛按下电梯按钮后，京就紧盯着变化的楼层数字。爸爸不放过任何细小的东西，希望吸引女儿的注意。爸爸看着变化的数字，认真念给女儿听，好像孩子能听懂似的。

三岛的妻子是一名飞行乘务员，妻子上班的时候，三岛就会照看孩子，并且尽量一整天都陪孩子度过。三岛的这种行为不禁让我们觉得，他不是单纯地照顾孩子，而是在真正地履行育儿的责任。跟着爸爸学习的孩子，一天比一天成长。吃饭的时候，他也不停地和刚满十一个月就能说话的女儿对话。

孩子有时候回答得正确，有时候答非所问，只是对吃的念念不忘。可是，爸爸会耐心地听完孩子语无伦次、难懂的话。爸爸为了给孩子传达"我总是在乎你"的感情，不停地和孩子说话。幼小的孩子可能不能理解这些。可是他相信，至少孩子会有依稀的记忆。

爸爸：今天我们在那里做
    　　什么了？
京：玩，吃饭……
爸爸：我们去哪里了？
京：吃饭了。

玩，吃饭

　　有经验的爸爸都知道，和一个还不能说话的孩子度过一天有多么不容易。可是三岛觉得，和孩子在一起很愉快。他说，每天能看到女儿成长的样子，做什么都不觉得累，而且孩子的成长会给他带来惊喜。

　　吃完饭，他又拿来画册开始和女儿说话。以下是看图说话的父女间的对话。

爸爸：这次，大象"砰"地把皮球扔出去了。是谁接到了呢？
京：长颈鹿
爸爸：对，长颈鹿。答得真快啊。

　　听到爸爸的表扬，女儿更加觉得有意思了。每当照看女儿的时候，他就成了一个像妈妈一样的爸爸。三岛通过照看女儿领悟到，只有把自己的视线和孩子看齐，才能理解孩子的世界。

　　现在，京最喜欢的事情是洗澡。三岛家的浴室有些特别，浴缸旁边放了一个能用水洗掉的彩色蜡笔。浴室怎么会有彩色蜡笔呢？爸爸拿着蜡笔开始在墙上画画。他画了一个京喜欢的包子人。在擅长画画的爸爸旁边，京也用豆芽一样的小手学着爸爸，在一旁开始画画。不一会儿，浴室就成了他们欢快的娱乐场。就这样，一边画画一边洗澡，一个多小时很快过去了。浴室里，孩子和爸爸自然的肌肤接触，也能让他们感受彼此愉快的情绪。

"一个人的洗澡，只不过是一件单纯的清洗身体的'工作'，所以，没有什么特别的乐趣。但是和小孩一起一边洗澡、一边画画、一边玩耍的话，洗澡就会比'工作'有趣得多。"

——爸爸 三岛俊则

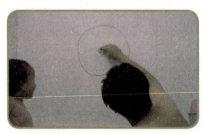 

和爸爸一起一边画画一边洗澡，不是单纯地清洗身体，更像是爸爸给女儿举办的特别节目。

结束了愉快的洗澡游戏后，父女二人开始随着音乐翩翩起舞。和爸爸身高差距甚大的京被爸爸抱在怀里一起跳舞。身体接触和肌肤接触就像是抚摸孩子大脑的行为。像三岛一样抱着孩子随着音乐，一边跳舞一边轻轻抚摸孩子的话，爸爸的感情也可以传达到孩子的心里。对此，东京女子大学家庭心理学教授惠子川崎是这么说的：

"父母会用各种方式和孩子建立关系，而且爸爸和妈妈的方法和想法各不相同。我觉得，正是这种'不同'才具有意义。只有妈妈的孩子，就只能在妈妈的思考方式下长大。不过，因为有了爸爸，所以可以改变妈妈的育儿方式，带给孩子新的信息。爸爸能带给孩子丰富的刺激，所以爸爸参与育儿很重要。"

爸爸也可以用自己的方式，用各种方法和孩子建立关系。

　　惠子教授还强调了"丰富的刺激"。举例来说，家人在一起看电视，妈妈会把焦点放在有意思的剧情上，而爸爸则会关注演员的穿戴，那么这种欣赏会激发孩子不同的视觉，能让孩子看到更多的事物。父母不同的鉴赏方式，可以带给孩子情绪上的丰富刺激。把孩子抚养长大，需要很长的时间，父母需要教给孩子很多东西。从这一方面来说，让孩子同时感受爸爸的想法和感情，比只接受妈妈的教育会更好。

　　爸爸应该有别于妈妈，用具体的自身特有的育儿技巧参与育儿。只有这样，才能唤醒沉睡的爸爸本能。对爸爸来说，和妈妈一起成为育儿者的认识很重要。

　　通常我们说到育儿，首先会想到妈妈。可是，孩子会走路、开始说话的时候，爸爸育儿就会变得很必要了。虽然与妈妈相比，爸爸在了解孩子的情绪方面比较欠缺，但是在孩子正是到处跑的年龄，爸爸更能满足孩子的好奇心理。如果说妈妈主要是保护孩子，那么爸爸则教给孩子增长智力，探索世界的方法。孩子通过这些过程，能够更健康苗壮地成长。爸爸们应该学习或发现，像妈妈一样的或更好的育儿技巧。

## 由孩子选出的最佳父亲形象：
## 朋友型爸爸（Friendy）

传统观念上，爸爸是具有权威的大男子主义形象。而且孩子们认为，应该由爸爸判断是非好坏，孩子们也相信爸爸的判断是正确的。可是，如今的年轻爸爸们更强调自律性，并且尊重和理解孩子的个性。特别是，他们不愿成为难得一见的、不好相处的爸爸，想成为比任何人都愿意和孩子在一起玩耍、亲近的爸爸。孩子和爸爸高兴地玩耍的时候，能感受和妈妈在一起时感受不到的另一种乐趣和亲近。由此可见，这一代的男性是亲自体验全新父亲角色的新时代的爸爸。

如今，爸爸不再是育儿的陪衬了。最近，在韩国我们经常能看到周末的时候和孩子一起逛书店或逛公园的爸爸。以前，爸爸是躲在家庭后面，可是最近他们走到了育儿的前沿。我们将这类爸爸称作幸福的"朋友型爸爸（Friendy：Friendy+Daddy）"。最近还出现了其他类型的爸爸："直升机爸爸"和"妈妈型爸爸（Dammy：daddy+mommy）"。"直升机爸爸"是指像直升机一样，围绕在孩子的周围，关心子女教育的爸爸。"妈妈型爸爸"是指像妈妈一样的爸爸。而且，最近朋友型爸爸比富爸爸更受欢迎。这说明，现代社会对爸爸平时和孩子一起玩耍、陪孩子读书、一起旅行等更加重视了。

显然，还有很多爸爸不习惯当朋友型爸爸。他们想和孩子一起玩，可是没有时间。而且，有些人觉得育儿是妈妈做的事情，所以不能接近孩子。对此，朋友型爸爸是这样说的，孩子不会等爸爸和自己玩。孩子需要爸爸的时候，爸爸不在身边，而当某一天爸爸说"我现在不忙，所以要陪你玩"的时候，孩子的心早已远离了爸爸。爸爸和孩子的关系，应该从孩子小的时候开始一点一滴地积累。等到孩子进入青春期以后，爸爸有时间了才想要建立关系，这时建立的亲子关系就会像随时要倒塌的沙丘一样不结实。

在朋友型爸爸的热潮中，又出现了受人瞩目的新爸爸类型。他们是所谓的X世代爸爸。20世纪90年代中期，20岁左右的X世代的男性现在基本上都当上了父亲。X世代指在丰富的物质生活中，形成了以自我为中心的价值观，不拘泥于传统观念和习惯，象征新世代的人。他们的思想自由开放，做事我行我素。这些X世代的爸爸和经历产业化时代的爸爸们不同；和386世代（20世纪80年代经历学生运动，经历民主化运动的一代人的统称）的爸爸也有所区别。可以说，X世代的爸爸代表了韩国的年轻爸爸。因为现今时代的双职工比任何时期都多，他们还要求夫妻平等地分担家务和育儿。

他们注重家庭，积极参与育儿。背小孩，推婴儿车，和孩子有充分的肌肤接触等，这些在他们看来都不足为奇。而且，他们决心和妻子一起承担育儿，他们把家庭放在人生的首要位置，并且思考爸爸的作用和家庭对自己人生的影响。他们想尽量和孩子在一起。所以，以前只有妈妈才会知道的孩子的兴趣、爱好、朋友的名字等信息，现在的爸爸们也都很了解。

其实，不只是X世代的爸爸，很多人都想成为朋友型爸爸。他们倡导的关于爸爸价值观的改变，带动了以家庭为中心的文化变迁。

虽然，现在许多爸爸生活在比以前竞争更加激烈的社会里，可是他们总是优先想着家人。周末的时候，他们不去与工作有关的高尔夫球场或参加各种聚会，而是和家人一起去郊游，或培养自己的兴趣，或者是学习。他们不会盲目地牺牲自己的生活，他们珍惜和家人在一起的幸福生活。

就这样，处在朋友型爸爸热潮中心的X世代爸爸们，向父辈所经历过的典型而千篇一律的人生发起了挑战。回首过去，他们看到了经历炼狱般的入学考试和千军万马过独木桥的就业竞争、为了能成为社会的一员而竭尽全力的自己。因此，他们不想让自己的孩子也重蹈覆辙。他们相信，今后的生活会更丰富多彩，更充满活力。在他们小的时候，他们的爸爸一直不在身边，只知道工作，与家庭渐行渐远，结果没有尽到父亲的责任。不过，他们借鉴爸爸一代的教训，领悟到家庭生活的意义。所以，他们很清楚地知道孩子成长过程中，爸爸的陪伴是多么重要。因此，他们在寻找能够让孩子强烈感受父亲存在的方法。因为，全家人的幸福是最重要的。

同时，爸爸们不赞同无条件的牺牲。他们知道，积极的子女教育不指早期留学或上好的学校，而是和爸爸一起经历和感受的生活教育。

2007年，女性家族部（制定女性政策，保护女性权益、地位，管理关于青少年和家庭事务的韩国中央行政机关）举办了育儿日活动，对200名爸爸进行了设问调查，其中关于"想成为怎样的爸爸"的问题，有69%的人选择了"多和孩子一起玩的爸爸"，其次是"能提供坚实的经济后盾的爸爸（14%）"，之后是"在社会中成功的爸爸（12%）"。

调查中，爸爸给自己的平均分是59.4分。他们想成为像朋友一样的爸爸，可是却给自己打了不及格的分数，这就是韩国爸爸的现状。被调查者中的大部分人（51%），平时几乎没有按时下班过，每天和孩子在一起的时间不足一小时。就这样，理想与现实背道而驰，他们和孩子一起玩的时间远远不够。对于"孩子的哪句话，最让你感到愧疚"的问题，41.5%的爸爸选择了"爸爸，什么时候回家"，46%的人选择了"爸爸，我爱你"。对于"最想和孩子做的事情"的问题，有44.5%人选择了"去公园散步或骑自行车等户外活动"。通过这些调查我们可以看出，虽然现实条件不允许，可是越来越多的爸爸想和孩子一起玩。

现在已不再是富爸爸当道的时代了。不仅美国、欧洲、日本等国，我们国家对爸爸的认识也在逐渐发生变化。这与双职工家庭增多，妻子希望丈夫参与育儿的社会氛围不无关系。

专家们强调，这种现象的意义不是爸爸成了帮助妈妈的第二养育者，而是作为平等的养育者爸爸实现了自身固有的存在价值。即爸爸也有自己所能胜任的领域，而且爸爸和妈妈的育儿方式存在差别。常言道，妈妈是感性的，爸爸是理性的，所以只有父母共同育儿，孩子的智商和情商才能均衡发展。通过下面的实验，我们来看一下爸爸和妈妈在育儿方面的差别吧。

# 2

## 爸爸和妈妈不一样

# 教育的妈妈VS自由的爸爸：
# 陪孩子一起玩

　　三年前孩子出生的时候，智媛的爸爸京俊休了一年的育儿假期，这在公司中显得有些特别。可是，现在回想起来，他觉得当时自己的决定是正确的。因为，智媛很喜欢爸爸。看着和自己耍跆拳道，在沙发上蹦来蹦去缠着自己开心玩耍的智媛，爸爸像吃了蜜糖一样心里甜滋滋的。

　　孩子们为什么更喜欢和爸爸一起玩呢？因为，爸爸和孩子一起玩的方式和妈妈不一样。我们来观察一下智媛家的情况吧。

　　先看一下，智媛和爸爸妈妈一起画画的场景。

妈妈：智媛，不是这么兑颜
　　　色，应该均匀地搅拌
　　　才行。

智媛：兑颜色，这样吗？

爸爸：这样用水兑就可以了。

智媛：这样吗？

妈妈：那样掺到一起的话，
　　　不好看了，都要结块
　　　了，要均匀地搅拌。

这样兑颜色，
用那么多颜料，就不好看了

> 爸爸：再往上画一点儿，高高地，画到天上，哇！真棒！
>
> 妈妈：用黑色画画，看不到天空了。
>
> 爸爸：没关系，能看见，很好！

你在爸爸妈妈和智媛的对话中，感受到什么不同了吗？反正孩子感受到了明显的不同。也许，别的家庭的情况也差不多吧。

"孩子更喜欢爸爸，因为不管孩子怎么做，爸爸都鼓励和表扬孩子。爸爸和妈妈的确存在一些不同。"

——妈妈 申友善

"我觉得，应该多激发孩子。那样的话，孩子就会变得更有创意。按照我理解的方式，我就是这么着和孩子一起玩的。"

——爸爸 京俊

为了进一步认识爸爸和妈妈的区别，我们进行了游戏实验。道具是橡皮泥。我们先让智媛和爸爸一起玩橡皮泥。

> 爸爸：智媛以前和爸爸一起做过饺子吧？
>
> 智媛：嗯。
>
> 爸爸：我们怎么做的？这样放到里面吗？
>
> 智媛：嗯。草莓口味的。

把这个放到上面吧

这样的话，变成什么了?变成馅饼了馅饼

爸爸不在乎颜色和形状，随意地调颜色做出各种各样的东西。

爸爸：对了，草莓口味的。
　　　看爸爸做的。

智媛：好棒啊!

爸爸：如果这样，是什么呢? 馅饼!

智媛：馅饼。

爸爸：智媛做的是什么?

智媛：葡萄。

　　和孩子一起玩时，爸爸不抵触各种颜色橡皮泥的混杂，做出各种形态的东西。爸爸帮助智媛更集中精神玩游戏，同时还诱导孩子关注爸爸做橡皮泥的过程。他观察孩子的行动，鼓励孩子，让孩子做想做的东西。

　　接下来，我们看一下孩子和妈妈一起玩橡皮泥的情况。

　　妈妈：这是香蕉，剥皮吃的。

　　智媛：剥皮吃。

　　妈妈：嗯。然后我们做蓝莓。智媛，这里有几个蓝莓啊?

这是香蕉。这样剥皮的
剥皮吃

智媛：什么？

妈妈：我们数一下看看。不要吃。
　　　不要和在一起。智媛你看，
　　　一个蓝莓，两个……

智媛：不，我要放在一起。

妈妈：为什么？不要混在一起吧，
　　　太难看了。

智媛啊，这个太难看了
难看，智媛

妈妈遵照现实生活里已有的事物形态来玩
橡皮泥，并把这些教给孩子。

　　妈妈不会打破既定的框架，如黄颜色的是香蕉，蓝颜色的是蓝
莓。自然地，橡皮泥游戏就变成了一种学习。妈妈遵照现实生活中
已有的事物形态来玩橡皮泥，并把这些教给孩子。

　　我们再来看一下，另一个家庭的橡皮泥游戏吧。

　　这是诗恩和爸爸的游戏过程。

爸爸：用这个可以捏一些东西。

诗恩：什么样子？

爸爸：爸爸只是随便做的。

诗恩：怎么做呢？

爸爸：这是什么？

诗恩：蝴蝶。

爸爸：这个呢？这是什么？

诗恩：鼻子。

爸爸不拘泥于形式，自由发挥做出很多
小物品。

　　接下来看一下妈妈和诗恩一起玩的场景。游戏中，妈妈企图用
橡皮泥玩数字游戏。

妈妈：诗恩啊，用橡皮泥和妈妈
　　　一起玩数字游戏好吗？这
　　　是什么呢？

诗恩：不知道。

妈妈：看看，妈妈是这么做的。
　　　这是什么？什么数字？

诗恩：2。

妈妈：哇，这是什么，什么呢？

诗恩：这是1。

妈妈：对了，诗恩真聪明。

妈妈局限在已有的形态的框架里，把游戏当成学习。

即使在短暂的游戏过程里，妈妈也想教给孩子某些东西。诗恩自己在玩橡皮泥的时候，妈妈在一旁一直在做数字，然后把游戏变成了学习。可是孩子和爸爸玩的时候，气氛是自由自在的。爸爸主要是顺着孩子的意见，和孩子一起做。首尔网络大学心理咨询系玉靖教授这样说道：

"爸爸支持和鼓励孩子的游戏方式，妈妈则局限在既定的形态中，她和孩子玩的游戏以教育为目的。这时候，孩子可能会因为没有得到妈妈的认可而畏缩不前。"

即使孩子说出一些不着边际的想法，爸爸也会表示支持和鼓励。可是妈妈不喜欢这种脱离实际的游戏，所以想改正孩子的想法，然后引导孩子按照自己的方式来做。

# 干预的妈妈VS观望的爸爸：
# 想象孩子的未来

这次，我们只是邀请父母来到实验室里。然后问他们希望孩子未来成为怎样的人，并请他们把各自的想法画出来，这个过程中不准互相看。爸爸和妈妈笑着专注画画。他们对孩子未来的设想是差不多呢？还是截然不同呢？

## 【智媛父母的画】

**爸爸**：希望孩子，有一个面向大海的别墅，在里面看书写字，做她想做的事情，幸福地生活。

**妈妈**：我把各种各样的想法都画得小一些。希望孩子课堂上能积极发言，朋友很多，成为带领大家的领导，就像平时总是指挥我们怎样玩游戏一样。

爸爸希望孩子过自由自在的生活，注重孩子的感受；而妈妈的希望承载了责任、领导力等具体的想法。

爸爸们都提出了希望孩子未来生活幸福的想法。而妈妈们则提出了具体的愿望，而且，她们还想通过孩子实现自己没能达成的心愿。相反，爸爸们没有提出明确的内容，只是希望"幸福就好""从容就好""常开心就好"。CHA医科大学综合医科学院临床美术治疗学金善贤教授，看了爸爸妈妈画的画以后，说出了这样的感想：

　　"如果说妈妈是直接干预孩子的生活的话，那么爸爸则是默默地在后面留心观望。"

爸爸们的画　　　　　　　　　　　妈妈们的画

　　金教授还说女性的主观性比男性强，所以她们想把不足的、遗憾的部分投射到孩子身上。即她们不是客观地看孩子，而是通过孩子寻找自己的影子。她们希望，孩子不再经历同样的遗憾。而爸爸们没有把自己的想法灌输给孩子，而是更加关注孩子现在的感情。

　　所以，我们能理解很多妈妈积极干预孩子教育问题的现象。爸爸们通常会说："随他去吧，他自己做得很好"，"非要那么做吗？"爸爸们从感性的角度出发，而妈妈从现实的角度出发。即便这样，也不能说爸爸对孩子的爱不够深。爸爸们希望孩子忠于自己现在的感受，只是希望孩子能像现在这样一直幸福下去。也就是说，爸爸对孩子的感情里没有掺杂其他任何东西，只是关注孩子本身，而妈妈却会考虑外貌、成功、人际关系等。

金教授还强调，养育子女时，爸爸和妈妈的差别在一定程度上会给孩子的成长带来帮助，当这些差别保持和谐的时候，能够实现更好的育儿效果。

## 和孩子情感交流的特别实验

制作组为了观察父母育儿的更深层次的差别，准备了一项特别的实验。他们给父母同样的课题，然后观察孩子的反应。第一个课题是，和孩子自由地玩十分钟。

布娃娃游戏

射箭游戏

汽车游戏

橡皮泥游戏

爸爸和孩子不分男孩游戏、女孩游戏，几乎把屋里准备的各种玩具都玩了一遍。

　　诗恩和爸爸一起来到准备有各种玩具的屋里。进屋以后，诗恩主动去挑选玩具，爸爸鼓励和支持诗恩的选择。诗恩一会儿挑弓箭，一会儿拿起电钻又放下，一会儿又对橡皮泥和汽车感兴趣。显然，她和别的女孩子不同，对活动型的玩具更感兴趣。爸爸紧紧跟在诗恩的后面。爸爸和诗恩不分男孩游戏、女孩游戏，都要玩一下。偶尔，爸爸会中途提出一些奇怪的想法，或去玩别的玩具。这样一来，诗恩也会受到启发，去探索新的玩具。总体来说，他们的游戏中活动量比较大。

放里面看看怎么样

爸爸：把这个放里面看看怎么样？

诗恩：好。

爸爸主要是跟在诗恩后面，她做什么自己也跟着做什么。为了开心地玩游戏，爸爸还提出很多意见，诗恩大致上也听从爸爸的建议。爸爸和诗恩在屋里跑来跑去，十分钟之内玩了六种不同的游戏。

妈妈向孩子提出玩角色扮演游戏：过家家游戏和医院游戏。

同样的空间，同样的环境，妈妈给我们呈现了怎样的游戏方式呢？妈妈和爸爸不同，只是坐在一个地方，只玩两种游戏。就是过家家游戏和医院游戏。这些都是典型的女孩子玩的游戏。而且整个游戏过程中，妈妈占了主导地位。玩过家家游戏的时候，妈妈递给诗恩一个水果。玩医院游戏的时候，妈妈告诉诗恩说，"感冒了所以嗓子疼"。妈妈给小孩设定游戏的各种场景。虽然是在玩游戏，但是妈妈不允许诗恩做出违背原则的事情和危险的行为。

**妈妈：**危险，危险。

**诗恩：**不，我要打针。

**妈妈：**你看这里，有火，会烫着的。还有煤气，怎么办，会出大事的。

实验结果表明，妈妈和爸爸玩游戏时最大差异在于对空间的利用。妈妈一直坐在一个地方，平静地和孩子一起玩儿，而爸爸充分利用了屋里的整个空间。玉靖教授是这样总结这次实验的：

"爸爸选择活动型的玩具和游戏方式，在大的空间里活动。相反，妈妈选择静态的游戏方式，活动空间也小。爸爸喜欢新颖和探索性的游戏，而且支持孩子的这种游戏方式，妈妈不喜欢脱离游戏的既定规则，喜欢做游戏的向导。"

一直以来，妈妈主要负责育儿，爸爸主要是陪孩子玩游戏，所以他们在游戏的选择和游戏方式上表现出了很大的差异。

大部分女性在体力上不如男性，所以玩一些活动量大的游戏时，爸爸总是比妈妈精力充沛。妈妈们主要把精力放在需要用语言互动的游戏上，玩这类游戏时，孩子们也会乖乖听妈妈的话。孩子们也能通过经验了解到，爸爸是动态的，妈妈是静态的，所以孩子在和父母玩的时候，会理解他们并顺着他们的方式。由于孩子和爸爸刚才一起愉快地玩过游戏，所以他们之间就形成了积极肯定的互动关系，因此在这次实验中孩子和爸爸的关系也显得更亲密和谐。

第二个课题是，和孩子一起唱歌。妈妈为了完成任务，努力想让诗恩的注意力集中起来，而诗恩还在对玩具恋恋不舍。

**妈妈**：诗恩啊，现在可是唱歌的时间啊。

**诗恩：** 不是的。

**妈妈：** 不是吗？

结果，诗恩没有唱歌，视线仍然停留在玩具上。诗恩在一旁玩玩具，妈妈一个人开始唱歌。妈妈用诗恩最喜欢的歌诱导她，可是诗恩依然对唱歌不感兴趣，反而向妈妈提议一起玩游戏。

**诗恩：** 我们一起玩厨师游戏吧。妈妈玩厨师游戏吗？

**妈妈：** 妈妈现在不想玩厨师游戏。

**诗恩：** 不，我还想玩厨师游戏。

结果，妈妈没能完成和诗恩一起唱歌的任务。

这次该爸爸登场了。

爸爸没有打断诗恩的游戏，而是加入到诗恩的游戏里。他由着诗恩去玩自己想玩的游戏，诗恩玩玩具车的时候，爸爸开始诱导她唱歌。

**爸爸：** 诗恩啊，我们一边唱歌一边玩，怎么样？诗恩去洗手间的时候，唱什么歌呢？

诗恩：月亮，月亮，什么月亮？

爸爸：对了，就是那个，我们
一边唱歌一边玩吧。

爸爸发挥灵活性，顺利地完成了课题任务。妈妈想要通过制止孩子玩游戏，引导孩子唱歌。可是，爸爸引导孩子一边玩游戏，一边愉快地唱歌。爸爸认为，唱歌和玩游戏并不冲突。对此，玉靖教授是这么说的：

"爸爸对于游戏的混合和转换，能够很快地做出反应，可是妈妈不能。妈妈认为，唱歌的时候只能唱歌。所以这次实验中，孩子和爸爸一起玩游戏表现得更适应。"

游戏的过程中，妈妈与孩子的互动不如爸爸。孩子拒绝妈妈想玩的游戏后，便自己玩自己的去了。玉靖教授告诉我们，爸爸与妈妈的这种差别会对孩子产生的影响。

"虽然爸爸和孩子玩时技巧有些不足，可是爸爸总是以孩子为中心，而且支持和鼓励孩子不断挑战。相反，妈妈赋予游戏教育意义、安全前提等，并且只玩非攻击性的游戏。而孩子们既需要不断尝试，也需要遵守既定的规矩，所以孩子需要父母双方的教育。"

爸爸以孩子为中心主要尝试探索游戏，妈妈重视既定模式里的规矩。也就是说，爸爸和妈妈不同的游戏方式及其差别会形成一种恰到好处的刺激，刺激孩子探索能力和自律意识均衡发展。


## 请理解彼此的差别


到目前为止，我们观察的是爸爸和妈妈各自与孩子相处的情况。那么，三个人在一起玩，会怎样呢？

开始的时候，诗恩一家三口围坐成三角形，玩皮球。在三角形这个稳定的几何图形里，皮球被依次传来传去。

> "我想，三个人玩皮球，基本上应该是坐成三角形的样子，这样扔皮球。"
>
> ——妈妈 李恩静


不一会儿，爸爸突然站起来，离开了原来的位置。诗恩先是愣了一下，不过好像看出了将有好玩的事情发生。现在，他们打破了三角形结构，诗恩坐到了父母中间。爸爸变化了位置后，向诗恩说道：

> **爸爸：** 爸爸坐这里了，把球往这里扔，使劲儿往这里扔。
>
> **诗恩：** 好的。

"我打破三角形结构的理由只有一个：孩子坐到我和妻子的中间，就会有两次机会接到球——爸爸这边和妈妈那边的。三角形的时候，只能接到一次，为了让小孩多接几次球，所以我改变了位置。"

——爸爸 李俊承

爸爸打破了游戏的典型框架以后，孩子变得更积极了。孩子通过与爸爸的游戏，可以灵活地应对各种情况了。

现在游戏的中心是诗恩。诗恩也比刚才更活跃了。诗恩向妈妈那边使劲儿扔皮球。

> **妈妈：** 诗恩啊，这是违规的，违规。

规则被打破后，妈妈觉得不安，可是爸爸能敏捷地应对各种情况。这次诗恩向爸爸那边扔了皮球。

> **爸爸**：我接到了。
>
> **妈妈**：好可怕啊。

爸爸只是改变了三角形框架，诗恩就更开心了。对此玉靖教授是这么说的：

"爸爸能够轻松地接受多变的游戏方式、开放式的游戏方式。可是妈妈对非结构化、非定型化的游戏方式感到不舒服。"

皮球飞向爸爸的时候，爸爸开心地跑去接球，妈妈则在原地不动。妈妈喜欢结构化、定型化的游戏，想要按照规则玩游戏。爸爸支持孩子的创意行为，孩子对游戏不感兴趣的时候，他也能自然地用别的办法诱导孩子对游戏产生兴趣。罗斯·D. 帕克教授是这样形容父母的差别的：

"爸爸一般不教训孩子，而是让孩子开心，让孩子对事物产生兴趣。妈妈善于激发孩子语言和认知方面的能力；爸爸刺激孩子的身体发育，而且培养孩子控制情绪的能力。"

其实，如果孩子只接受一种持续影响，就会出现问题。如果持续爸爸的影响，孩子的性格也许会变得自由开放，可是孩子在学习社会准则和功课方面可能就不会太突出，而且行事容易盲目冲动。

相反，持续妈妈的影响，那么孩子的思想就会变得呆板，缺乏灵活性和创意性。如果父母双方的影响均衡地作用于孩子，那么孩子不但可以自由地表达自己想法或愿望，而且还能学会遵守规则。

通过实验得知，**妈妈是收敛性思考方式，爸爸是散发性思考方式**。

一起玩游戏的时候，不管是谁的提议，只要另一方配合，就能好好地玩下去。即使没有按照自己希望的方式，可是相互配合的作用很重要。因为与别人一起玩的时候，我们既需要自我又需要包容。可以说，妈妈赋予的稳定的情感和爸爸赋予的探索精神，对孩子的影响都不容忽视。

# 不同的育儿方式

爸爸和妈妈不同的育儿方式，给孩子带来不一样的教育，因此，孩子能够同时受到多样、均衡的教育。那么，外国的爸爸妈妈在育儿方面是否也有不同呢？

我们来看一下英国南部一个普通家庭的日常生活吧。

制作组一进家门就看到一个又唱又跳的小女孩。这对夫妻介绍说，这是他们充满活力、才艺出众的小女儿奥菲莉娅。她姐姐的性格有些敏感，喜欢娃娃游戏，而且感情丰富想象力也丰富。性格相反的两个女儿的共同点是都喜欢和爸爸玩游戏。因为爸爸是自由职业者，所以在家里和孩子一起玩的时间比较多。孩子们正处在贪玩儿的年龄，所以爸爸育儿会给孩子带来很好的影响。

　　"我很想成为从容的爸爸。还有，希望继续保持和孩子们的良好关系。"

——爸爸 阿里斯泰尔

即使在吃饭的时候，爸爸也在和孩子们玩儿，而妈妈却要求孩子们坐好，安静地吃饭。

　　妈妈平时要上班工作，所以只有节假日他们全家人才能围坐在一起吃饭。妈妈忙着做饭的时候，奥菲莉娅开始调皮了。她在指尖插上橄榄，如果这让妈妈看到了奥菲莉娅肯定会挨骂，可是爸爸却是附和着小女儿。饭桌上，爸爸和孩子们嬉闹着。爸爸允许孩子们小小的恶作剧，也迎合孩子们的情绪，可是妈妈希望孩子们懂礼貌。

孩子：妈妈，给我奶酪。

妈妈：我说过这时候应该怎么说话。

孩子：请给我奶酪（Please）。

这时候妈妈才递给孩子奶酪。可是，汤喝了一半，奥菲莉娅又开始恶作剧了。通常孩子在饭桌上有别的小动作，妈妈就会和孩子开始"拉锯战"，妈妈逼孩子喝汤，而孩子死活不喝。这时候爸爸总爱说："就由着孩子去吧"，"如果孩子们觉得饿了，会说饿的。"但是妻子认为，在孩子感到饿之前就得给她们喂饭。而且妻子还主张，父母应该时刻关注这些。

吃完饭，孩子们和爸爸一起画画。挤颜料、和颜色、兑新的颜色……在玩涂鸦游戏的时候，孩子们很开心。可是，不可避免地会弄脏手和衣服，爸爸并不在乎这些。他说，手上沾满颜料，洗掉或擦掉就可以了。妈妈的态度却截然相反。

妈妈会担心玩过游戏以后整理玩具的问题。可是，爸爸与妈妈不同，只关心游戏本身。

"我最讨厌你们玩这个游戏。一想到一会儿还要收拾这些烂摊子，我的头都大了，哪还有心情陪你们玩啊。"

妈妈会担心玩过游戏以后整理玩具的事情，可是爸爸只关心和孩子们的游戏本身。妈妈更喜欢陪孩子读书、唱歌。看来，这位英国妈妈特蕾西也更喜欢学习性质的游戏。

相反，爸爸更喜欢户外游戏。所以，院子是他和孩子最喜欢的游戏空间。最近，克莱芒蒂娜开始挑战爬树了。爸爸不但没有劝阻，反而摇着树和她一起玩。这样的爸爸简直像一个顽皮的伙伴。一般情况下，爸爸不会阻止孩子的玩耍，只是在一旁看着。

孩子和妈妈一块儿读书，和爸爸在外面蹦跳着玩耍。父母的这种分工能给孩子更丰富的生活体验，也能更均衡地教育孩子。

　　"不是我不关心孩子，而是我觉得她们这样也可以。即使孩子摔倒受伤了，我也觉得这是她们生活中必须经历的事情。"

　　妈妈和爸爸不同，她一看到孩子爬树就很紧张。不过她也知道，自己不能和孩子一起进行这种自由、剧烈的游戏，同时也认可这种游戏会给孩子带来好的影响。

　　即使孩子的头发缠到了树杈上，或看到虫子后尖叫，只要是在自家院子里，爸爸都不会过于担心。但是，最让人不可思议的是孩子们的态度，刚刚还在外面和爸爸爬树嬉闹的孩子们，一进屋就换好衣服和妈妈读书、唱歌了。孩子们根据相处对象的不同，灵活自如地转换着自己的态度。这是因为，爸爸、妈妈的行为方式不同，孩子们的应激反应行为也不同。

孩子和谁在一起，他们的行为和思考方式就会效仿谁。这是自然的现象，也是孩子成长的过程。这个时期的经历对孩子的成长有很重要的意义。能够给孩子更均衡的教育，这是父母都参与育儿的意义所在。罗斯·D.帕克教授是这样阐述这种均衡教育的：

"爸爸想给孩子打开通往世界的大门，所以爸爸说，'试一下'！可是，妈妈却说，'还没到时候'。爸爸鼓励孩子，妈妈保护孩子，所以家庭才能维持平衡。"

在孩子的教育问题上，父母双方的教育比单纯的一方的教育更好。认识父母育儿方式的差别，并引导它们发挥应有的作用，这是所有家长努力的方向。

# 男人的大脑VS女人的大脑

为什么爸爸和妈妈的育儿方式会存在很大差别呢？大多数专家认为，男女的差别取决于大脑。虽然大脑的结构相同，可是男人和女人在执行同样的任务时，使用的大脑区域和功能并不相同。男人的大脑是空间认知型，理解和活用空间的能力较强，而女人洞察别人感情，感化别人的共感能力较强。并且男人的语言能力较差，女人的语言能力较强。

观察大脑结构图，我们可以发现，女性的连接左右脑的胼胝体①较发达，而男性的胼胝体发育较差，而且分布也少。如果说，男性需要根据左右脑的功能分别使用左脑或右脑的话，那么女性可以同时使用左右脑。所以，女性可以同时做几件事情，而男性通常只会专注做一件事情。

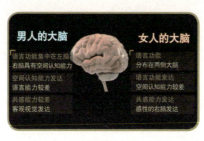

男人和女人执行同样的任务时，使用不同的大脑区域和功能，这导致爸爸和妈妈育儿方式的不同。

---

① 胼胝体：哺乳类真兽亚纲的特有结构，位于大脑半球纵裂的底部，是连接左右两侧大脑半球的横行神经纤维束，是大脑半球中最大的连合纤维。

制作组对游戏过程中表现截然不同的京俊夫妇拍摄了 fMRI（functional magnetic resonance imaging，功能性核磁共振成像）。通过fMRI可以看出，大脑在什么情况下、大脑的哪个区域比较活跃。MRI是检查大脑结构的，fMRI是检查大脑功能的。

爸爸看着头上方挂着的镜子里反射的几张照片。那些是女儿智媛和别的孩子的照片。妈妈也要这样做。通过这个实验我们可以知道，当爸爸和妈妈看到自己孩子的照片时，他们的大脑有怎样的反应。

**fMRI(功能性核磁共振成像)**
这是在特定情况下，检查大脑活动及大脑血液流动增加带来的血液中氧气变化的仪器

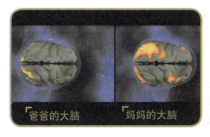

爸爸的大脑　　妈妈的大脑

看到孩子的照片时，爸爸大脑的枕叶侧的视觉区域活跃，而妈妈大脑的视觉区域及控制感情、情绪的大脑边缘系都很活跃。

爸爸和妈妈的大脑会有怎样的反应呢?

先来看一下爸爸的大脑。看到自己孩子的照片时，只有枕叶侧的视觉区域活跃。然后看到其他孩子照片时，活跃的区域没有发生明显的变化。

与之相反，妈妈的大脑有很多变化。不仅视觉区域，控制感情、情绪的大脑边缘系也很活跃。这说明，妈妈看自己孩子的时候带有主观感情。妈妈看其他孩子的照片时，大脑边缘系的活跃度降低，而额叶区域活跃。额叶具有判断思考的作用，所以这个区域的活跃表示，妈妈看其他孩子的照片时不是单纯地看，而是带着想法去看。在看自己孩子照片的时候，额叶区域并不活跃。

大脑边缘系的活跃与共感、感情有关。所以说，妈妈在看自己孩子照片时不只是用视觉，而是带着感情在看。

大脑的某一区域活跃表示，大脑在较多地使用那个区域。实验中，爸爸和妈妈在看自己孩子的时候，大脑的活跃区域不一样。这意味着，爸爸和妈妈对孩子的感情本身存在差异。

因为妈妈经历十月怀胎，所以与孩子有浓厚的感情，已经具备了共感的本能。可是，与妈妈相比，爸爸没有这种先天的能力，很难产生无意识的父爱，只有通过学习才有可能慢慢唤醒这种感情。对此，金英勋博士是这么说的：

"妈妈通常会同时使用左右脑，爸爸通常使用一边的大脑。这些因素综合起来影响着他们的育儿。"

结果表明，爸爸和妈妈大脑活跃的区域存在比较大的差异。带着感情看照片的妈妈，比客观地调用视觉看照片的爸爸共感能力要强。

通常我们评价男人的大脑是系统化的大脑，女人的大脑是共感型的大脑。或许我们可以做这样的一个推断：爸爸和妈妈育儿方面的差别，部分源自男女大脑的不同。

# 3

# 孩子成长过程中爸爸的作用

## 爸爸育儿的必要性

周末的早晨，英国布莱顿市的纪念图书馆前聚集了许多推着婴儿车的人，他们是和孩子一起来玩游戏的。可是作为孩子的监护人，参加游戏的不是孩子的妈妈，而是爸爸们。

今天，在这里进行的活动叫"爸爸和孩子的游戏时间（Dad's Baby Boogie）"。这是一种借助音乐，通过和孩子玩游戏建立亲密感的活动。从四五年前开始，这项特别节目每月进行一次，一直深受当地爸爸们的喜爱。

每月一次，爸爸们为了和孩子建立亲密感而聚集到这里。他们随着音乐，一起跳舞、玩耍，并且通过这种与孩子的交流，发挥着爸爸的影响力。

爸爸们握着孩子的小手，摇晃着身子唱歌。对他们来说，至少今天他们是孩子的第一养育者。通过这种与孩子的情感交流，爸爸可以充分发挥自己的影响力。

　　"我比较关注儿子的生活。为了能成为孩子人生的一部分，我
　　经常和孩子玩，会尽量多和孩子在一起。"

——爸爸 詹姆斯·帕克

　　"如果说，我的妻子担当女性特征的塑造，那么我就担当男性
　　特征的塑造。经历爸爸妈妈提供的两种不同的教育的孩子才是幸运
　　的。通过这些，我想给女儿创造一个最好的开始。"

——爸爸 斯蒂夫·亨特

以前学术界只是研究第一养育者，即妈妈的影响力，但最近他们开始关注爸爸带给子女的影响。

　　在英国，很多爸爸想和孩子一起玩，花更多的时间陪在孩子身边，这样的爸爸的数量也在不断增加。因为他们知道，爸爸对孩子的成长具有不同于妈妈的影响力。

　　最近，不仅在学术界整个社会都在关注"爸爸"。因为，爸爸对孩子的社会性、成就等方面有着特殊的影响。在孩子小的时候，爸爸越是积极参与育儿，孩子的学习成绩就会越好，孩子成功的概率也越大，而且抵抗压力和失败的能力、控制情绪的能力、解决问

题的能力等都会更出色。也就是说，孩子长大以后更有可能过上幸福的生活。罗斯·D. 帕克教授把这种现象称为"爸爸的作用（Father effects）"。

爸爸的身上肯定具有只有爸爸才能给予孩子的某种东西。所以，爸爸们也应该学习与孩子互动的新技巧和方法。

如果爸爸和孩子的关系很好的话，孩子与朋友之间的关系也会很好；如果爸爸经常夸奖和鼓励孩子，那么孩子的智力和语言能力也会发展得更快。而且和爸爸玩游戏或互动，有助于孩子更好地处理异性关系。夫妻关系和谐尤其会促进女儿智商的提高。

英国牛津大学对1958年出生的17 000名孩子，进行了三十三年的追踪调查。结果显示，爸爸积极参与子女教育的孩子不但成绩好，而且之后的社会生活和家庭生活也很成功。牛津大学的布坎南（Ann Buchanan）教授根据追踪调查，发表了这样的研究结果。童年时期和爸爸的关系决定孩子的将来，爸爸对孩子关心越多，孩子的犯罪率就会越低。罗斯·D. 帕克教授强调，单亲家庭的孩子也需要爸爸。爸爸不再是育儿的辅助者而是绝对的主体，爸爸积极参与育儿，孩子才会有更好的发展。

# 五种类型的爸爸

有本书叫《爸爸是所有人际关系的要素》（斯蒂芬·B.福特著）。看到这个书名，大部分人会感到疑惑或持反对意见，认可的人可能还不到一半。可是，已经有很多专家发表过爸爸对孩子的社会性有很大影响的研究结果。所以，不管怎样我们应该去关注"爸爸"。

作者在这本书里提到五种爸爸类型。这是以孩子为中心，以孩子感受到的爸爸形象来划分的。

**成功至上型爸爸：** 过分强调外表的完美和成就等，用"实际业绩"定位所有的价值。有这种爸爸的孩子通常不会关心别人。

**定时炸弹型爸爸：** 在家里发火，实行家暴，用强权统治子女和维持家庭秩序。有这种爸爸的孩子经常感到不安，思维混乱，不会轻易相信别人。

**被动型爸爸：** 勤劳、诚实，可是没有和家人建立情感纽带。有这种爸爸的孩子处理人际关系时态度消极，很难和别人建立友好关系。

**负债型爸爸：** 脱离家庭生活，对孩子和家庭没有任何责任感。有这种爸爸的孩子因为有过被拒绝和冷落的经历，所以整个人看起来有些忧郁。

**关心顾问型爸爸**：和家人建立了良好的感情纽带，关心孩子的每一点进步和遇到的难题，给孩子前进的动力。有这种爸爸的孩子心理上有安全感，从而会更主动地与他人交往。

你或者你的丈夫，属于什么类型的爸爸呢？也许不属于以上任何一种类型，或者兼具不同类型爸爸的特点。不管是什么类型，所有的爸爸们都有义务做孩子的楷模。

[参考]

斯蒂芬·B.福特.爸爸是所有人际关系的要素.播种的人，2007.

# 孩子不同成长阶段所需的父爱

孩子每个成长阶段都需要相应的父爱。爸爸不能再把子女教育甩给妻子一个人承担，而应该积极主动地承担育儿工作。首先，爸爸应该知道自己要做的事情。让我们来看一下，在不同的阶段孩子都需要什么样的爸爸吧。

## 胎儿期

妻子的怀孕会给家庭带来很多变化。这时候，丈夫也应该着手为当爸爸而准备了。首先，要让怀孕的妻子保持愉快的心情。胎儿能感受妈妈的情绪变化，所以爸爸应该给予妈妈关心和爱，那么这些自然对胎儿也有益处。同时，爸爸应该认识到这时候是胎儿的感官发育时期，为了刺激胎儿的感官，应该多和胎儿说话等，进行各种胎教。

据说，新生儿有1 000亿个神经元，其中70%神经元在胎儿时期形成。大脑的大体结构由遗传因子决定，而（神经元的）突触的数量或信息的传达是受环境的影响。所以为了促进胎儿大脑的发育，父母应该进行胎教。特别是，怀孕的第六个月是胎儿大脑发育开始旺盛的时候，从这时候开始爸爸就要经常抚摸妈妈的肚子，经常按摩，或每天给孩子唱歌、讲故事等，这些都对胎儿有好处。胎儿不喜欢高音，更喜欢中低音，所以胎儿对爸爸的声音更有感应。

## 婴幼儿时期

孩子出生以后，爸爸应该积极地与孩子建立亲密的情感纽带。这时候爸爸与孩子的肌肤接触很重要。也许孩子会有些认生，所以这时候要更有爱心和耐心地与孩子交流。

爸爸也可以像妈妈一样，从最基本的照顾孩子起居开始。比如说，抱小孩、给孩子喂东西、给孩子洗澡、教孩子说话、换尿布、陪孩子玩等，这些事情爸爸都可以和妈妈一起做。只有这样，孩子才会像对妈妈一样，对爸爸也露出可爱的笑脸。做合格的父母是要经过学习的，所以爸爸应该有意识地努力让孩子本能地和自己亲近。而且，爸爸最好和妈妈商量，怎样能更合理有效地分担育儿工作。

爸爸和孩子一起睡觉、逗小孩玩、按摩、皮肤接触等行为能给孩子精神上的安定感，为孩子社会性的发展打下基础。因为孩子社会性的发展，建立在良好的情感纽带和互相信赖的关系之上。孩子们想玩的时候通常是找爸爸，因为爸爸总是会对孩子的需求做出强烈的回应。所以，和爸爸接触多的孩子适应陌生环境的能力也更强。

而且，为了促进孩子的大脑发育，父母应该不断地和孩子说话，甚至孩子咿咿呀呀的话也应该积极地回应。据说，犹太人妈妈在孩子两岁的时候，就开始和他们对话。在犹太人的家庭里，孩子只要能握住汤勺，就让孩子坐到饭桌前，作为一名家庭成员和家人一起吃饭。而且，随着孩子长大，他们总会在饭桌上围绕一个主题和孩子交流讨论，孩子们也会积极参与。

通常，孩子在三四岁时，就会进入第一个叛逆期。所以，这时候感情调节的教育很重要。而且，这时候的孩子逐渐认识到性别差异，父母也要注意在孩子面前展现不同的性别角色扮演。

## 儿童期

这时候的孩子开始上幼儿园或小学，他们将面临新的世界，所以父母应该和孩子进行有效的沟通。

与妈妈相比，爸爸和孩子相处的时间较短，所以，爸爸应该尽量和孩子多沟通。因为，和爸爸的交流越多，孩子就越有可能成为富有逻辑性、创造力的孩子。和孩子谈心、聊生活琐事很重要。早晨或晚上就某个主题随意地进行讨论交流，我相信这会让孩子对爸爸产生更多的亲近感。

孩子说话时父母也应该表现出感兴趣和认真倾听的样子。关心孩子感兴趣的事情，倾听孩子的想法，分担孩子的苦恼等，这才是一个像朋友一样的好爸爸。同时，爸爸给孩子讲自己的经历、心情，让孩子学会做一个倾听者。

尊重孩子的感情，夸奖孩子，培养孩子的自信的任务应该由爸爸负责。如果孩子犯错了，父母不应该对孩子大声训斥或发脾气，而是要和孩子就事论事，理解孩子，理性地分析原因。因为这时候正是孩子容易犯错和淘气的年龄，帮助孩子进行自我反思教育，让孩子承担后果，汲取教训。

同时，这时候也是孩子学习的重要时期，父母应该教孩子他会感兴趣的东西，让孩子有成就感，从而激发孩子的学习动机和自信心。父母不只是教授孩子知识，还应该培养其记忆力和集中力，并且让孩子掌握自习的方法。

孩子上小学之前，让孩子多些不同的经历，和孩子一起做一些安全性高的化学小实验、教孩子怎样手工制作小玩具、和孩子一起开展一个自然课题研究等都是不错的选择。

## 青少年时期

既不是小孩又不是大人的青春期的孩子，最让父母头疼。这时的孩子处在准备成为大人的阶段，爸爸的作用尤其不可忽视。

青春期的孩子的大脑没有完全发育成熟，他们不能够很好地掌控行为的"度"，所以有时候他们的一些行为是危险的。总而言之，这时期孩子的行为是不可预测的。作为父母，应该理解和接受孩子的这种叛逆。处于叛逆期的孩子，不清楚自己的内心，所以感到惶惶不安。他们经历着急剧的成长和变化，时常感到疲惫，有了烦恼又不知道该向谁诉说。当然，每个孩子都会经历这些。这时候帮助孩子顺利度过青春期的人，正是父母。父母应该时刻关心不知道什么时候就会言行失控的孩子。

前不久，韩国教员团体总联合会迎接第566届韩文节的时候，对学生进行了设问调查，并发表了结果（2012年10月8日）。设问调查的问题之一是"父母的哪些话最让你伤心"，那么，到底是什么话呢？

这项调查是对韩国小学四年级、初中、高中的1 941名学生进行的。调查结果显示，选择"你怎么就这样呢"这一项的学生最多，占了调查总数的28.9%。其次是"你也像××一样，好好学习吧"（24.0%）。

与此相反，让学生感到高兴的话分别是"加油！你一定能做到"（27.8%）"你真是个好孩子"（22.4%）"你是值得珍惜的人"（21.0%）。当被问到"父母有没有说过让你感到温暖的话"时，75.9%的学生回答说没有。

对于青春时期的孩子来说，最重要的是温暖人心的话。他们不懂得如何控制自己、年少轻狂，所以父母在管教孩子时，不应该失去理智，应该控制好自己的情绪。想要纠正内心时常经历挣扎和困惑的孩子的某些越轨行为，比起责骂他们，平心静气地跟他们说几句温暖的话会更奏效。

# 爸爸对孩子情商发展的影响

孩子与养育者之间形成情感纽带，有利于孩子情商的发展。方熙庭教授强调，幼年时期没有得到安全感或被虐待过的孩子，他们长大后"情绪大脑"可能会出现问题。如果孩子的情商很不成熟，那么就不能很好地控制自己的欲望，合作精神也会比较差。

所以，父母应该帮助分担孩子的心理压力，帮助排忧解难，并教孩子调节情绪的方法。只有这样，孩子才能从小学会独立处理问题的方法。特别是孩子幼小的时候，爸爸对孩子的影响力不亚于妈妈。

"孩子们觉得母爱是当然的，因为熟悉，因为每天都能得到母爱。用专业术语来说，就是因为每天都能看到妈妈，所以对妈妈产生认同感。所谓认同就是自己和效仿的对象和言行趋于一致的过程。通常孩子总是和妈妈在一起，所以就会和妈妈产生认同感。因为孩子是通过爸爸看世界的，孩子对爸爸的感情更多的是两个平等主体间关系自然发展的结果。因此爸爸给予孩子美好的感觉很重要。"

孩子和妈妈经常在一起，所以不会和妈妈产生心理上的距离感。可是早出晚归的爸爸就不一样了。孩子能够和妈妈亲密交流，可是他们的确对不能经常在一起的爸爸的世界一无所知，因为孩子看不到爸爸在外面工作的样子。所以，孩子会和爸爸有距离感。这种距离感会让爸爸给孩子的温暖显得更有意义。

实际上，慈爱的父亲会带给孩子更多感动。孩子们觉得，妈妈每天给自己做饭是理所应当，爸爸偶尔做一顿饭孩子就会觉得很特别。所以，爸爸对孩子稍微多些关心的话，孩子就会因为这世上除了妈妈以外自己还有另一个坚实的后盾，而感到安全和幸福。

如果孩子小时候缺乏关爱，这将给孩子造成心理上的伤害。他们进入青春期后，非常容易叛逆，无处发泄的负面情绪、小时候积累的种种心理健康方面的缺陷等会促使他们做出违反社会准则、破坏社会秩序的事，甚至他们会做出伤害别人的行为。由此可见，孩子从小得到父母足量的爱有多么重要。

如果没有和父母建立良好的情感纽带，孩子不仅不善于表达自己的感情，很难和别人形成共感。换言之，他们缺乏在社会上生存所必需的调节感情的能力。方教授根据最新研究资料，对爸爸的作用做了如下的评价：

"其实，成功欲望强烈的女学生，大多背后有爸爸的支持。因为，她们把爸爸当成自己的榜样。爸爸无性别差异地对待孩子的时候，才可能开发孩子深藏的潜能。在国外，有很多爸爸赞同女儿大学毕业后先独自环球旅游，而不是急着找工作。而且，他们时刻都在思考如何让女儿变得更出色。这才是真正的爸爸旋风啊。"

如今这个时代是"爸爸作用"多样化的时代。爸爸应该给予孩子妈妈般的爱护，并且让自己成为引领孩子走向社会的同伴。从孩子小的时候开始，让他们相信"即使我挑战失败了，爸爸会在我身后默默支持我"。没有爸爸，我们难以想象孩子的世界将会变成什么样子。

爸爸的作用不只体现在给孩子买贵重玩具，和孩子一起玩。其实孩子对爸爸的要求很多，慈祥的爸爸、像妈妈一样的爸爸、像朋友一样的爸爸、一起玩的爸爸、一起交流的爸爸、教我人情世故的爸爸等。即使这些要求爸爸们难以满足，也应该为了孩子竭尽全力。


## 和爸爸亲近的孩子，社会性更好

爸爸的存在本身对子女就有很重要的意义。爸爸是第一个给孩子打开世界窗户的人，孩子走向陌生的社会时，需要和爸爸一起去面对，爸爸的作用和孩子的社会性有直接的关系。专家们还指出，孩子的社会性不好是爸爸的责任。

和爸爸的关系真的会影响孩子的社会性吗？在首尔网络大学心理发展中心，我们见到了曾经参加过节目的诗恩和智媛。

现在的诗恩一看到爸爸就露出笑脸，可是一年前诗恩和爸爸的关系没有这么亲近。当时，即使爸爸不在身边，诗恩也不去找爸爸。

我们仔细观察孩子时发现，活泼的诗恩先向智媛提出一起玩，智媛也没有表示反对，于是她们很快坐到沙发上开始玩起来了。她们就像认识很久了的朋友一样，玩得很开心，可是今天是她们俩第一次见面。总体来说，她们和同龄人相比，能够更快地和陌生小朋友玩到一起。

之前诗恩的社会性并不好。制作组为了研究爸爸和孩子的情感关系，从一年前开始对诗恩进行了跟踪拍摄。我们看录像里一年前诗恩的样子就会发现，她和现在判若两人。那时的诗恩，不愿意和周围的小朋友一起玩，和爸爸一起玩的时候，即使爸爸突然走开不愿意，也不去找爸爸。时隔一年，诗恩父女的关系发生了很大的变化，这是爸爸每天接送诗恩去儿童之家，比以前更关心和爱护诗恩的结果。通过和爸爸的交流，孩子开始和周围的人说话，人际关系逐渐向好的方向发展。

美国新学院大学心理学教授霍华德·斯蒂尔（Howard Steele）对100对夫妻围绕他们和孩子的关系问题进行了调查研究。结果显示，小的时候孩子和爸爸关系好的话，孩子自我控制情绪的能力也高，而且与同龄人的矛盾也少。

斯蒂尔教授的研究小组发表了"和爸爸一起洗澡及孩子社会性的发展"的研究结果。研究小组的对象是14年前当上父母的100对夫妻及他们的孩子，研究小组分别在孩子出生后的第12个月、第18个月、第5年、第6年进行了设问调查。并且在最后一年，他们还向孩子进行了设问调查。

调查结果显示，幼儿时期爸爸没有给洗过澡的孩子，其中30%的人长大后在交朋友方面会有障碍。与之相反，爸爸每周给洗三四次澡的孩子，出现交际障碍的只有3%。由此可见，爸爸经常给孩子洗澡的话，孩子的社会性就比较好。而且，小时候爸爸没有给他们洗澡的这些孩子中的大部分人在设问调查中回答，自己没有朋友，而且还说别人不喜欢自己。

感情冲突的理解与解决：伦敦"父母—孩子"课题结果。

斯蒂尔博士说，10~20岁的孩子出现的适应社会能力较差的问题多半是由于缺乏与爸爸的皮肤接触所致。

在过去的30年里，罗斯·D. 帕克教授也一直致力研究爸爸育儿和爸爸的影响力的问题。他说，孩子幼年时候与爸爸的关系是孩子今后所有人际关系的基础。也就是说，未来影响子女社会生活成功与否的决定性因素就是爸爸。

他还说，在和爸爸玩游戏的过程中，孩子们学到对话、表情等感情表达方法。而且，还学会如何运用接收的信息以及把自己掌握的信息转达给对方的方法，即孩子能学到与人交流的方法。

"孩子是跟爸爸学习表达感情的方法的。孩子对爸爸时而哭，时而说话，表达自己的恐惧和不喜欢的感情，就这样孩子通过和他一起玩的爸爸，学习怎样表达感情。爸爸的行为直接影响孩子今后的社会行为。如果爸爸是一个很好的玩伴，孩子在学校也更能和同学友好相处，也会受到大家的喜欢。原因之一是，孩子能很好地读懂别人的感情。"

爸爸通常会用意想不到的行为刺激孩子。所以说，爸爸能够培养孩子的创造性，增强孩子的自信心。罗斯·D. 帕克教授补充道，孩子成长的时候，妈妈想时刻陪伴孩子，爸爸却想培养孩子的独立精神；妈妈不想松开捆束孩子的绳索，而爸爸却说不再支援孩子，要孩子学会独立。不管在学习方面，还是社会生活中，爸爸都要求孩子独立、自信，实现自己的价值。爸爸的作用是教给孩子更具有创造性、挑战性的面向社会的方法。

金英勋博士举出了生物学的论据。孩子和爸爸在一起时后叶催产素分泌旺盛。后叶催产素是与形成情感纽带有关的激素。孩子和爸爸的皮肤接触，会促进孩子后叶催产素的分泌，而这种激素又会促进孩子和别人建立良好的情感纽带，孩子的社会性也会随之提高。

爸爸和孩子的游戏不是一成不变的，所以更能培养孩子的创造性和灵活性。

　　孩子通过爸爸了解社会秩序、法律、价值等行为规范。**也就是说，孩子通过爸爸正式地成为社会的一个成员。**可是如果爸爸的作用受到妈妈的阻挠，或爸爸对孩子没有足够关心，孩子就不能顺利地成为社会的一员了。

　　和爸爸有亲密关系的孩子的共同点是，善于结交朋友、爱笑、能够马上停止父母反对的行为。尤其是，他们有忍耐力，不会轻易发火。这种孩子因为爸爸的存在而感到安全感，即使自己累到站不起来，爸爸也会扶起自己。我在这里要再强调一次：小时候和爸爸的关系，将奠定孩子今后人际关系的基础。

# 爸爸的缺席

孩子需要爸爸的时候，爸爸应该在孩子身边。可是，我们周围有很多爸爸做不到这一点。随着时代的变化，社会上出现了单亲家庭和再婚家庭等多种形式的家庭。

因为没有爸爸，孩子就缺乏了父爱。专家们对缺少爸爸陪伴的孩子进行了调查研究。结果显示，没有和爸爸在一起的孩子，相比正常孩子较少得到大家的欢迎，在集体关系中，也有更多的不满。没有爸爸的关爱或没有爸爸的孩子，尤其是男孩子，很有可能变得喜欢依赖别人或不会控制自己的情绪，表现出更多的攻击性。

因为离婚或死亡等原因造成孩子没有爸爸，这对孩子未来的生活也有很大影响。所以，家人和社会应该多关心这些缺乏父爱的孩子。

随着家庭形式的多样化，爸爸的作用日趋明显。罗斯·D.帕克教授在《爸爸才能给的东西》一书中强调，离婚的家庭也需要爸爸。他说，以前父母离婚的时候，孩子的抚养权属于妈妈，可是最近爸爸也可以拥有抚养权了。这表明，在育儿的本质上，爸爸和妈妈的作用基本相同，都是给予孩子爱，而且爸爸的作用越来越受到重视。即使离婚后抚养权属于妈妈，爸爸也不能疏忽自己的作用，反而更应该努力弥补缺乏父爱的孩子的心理。

接下来我们看一下再婚家庭中新爸爸的作用。新爸爸应该承认、鼓励和允许孩子得到亲爸爸的爱。如果新爸爸和亲爸爸都不霸占孩子，那么孩子就可以和两个爸爸建立友好的关系，并且两个爸爸都将对孩子的成长带来帮助。

即使父母离婚，为人父母的抚养责任也应该继续下去。单身以后的父母可能首先想到，要好好抚养受伤的孩子。所以，父母应该学习理解孩子的处境，并做出最适宜的反应。选择不离婚可能是最好的办法，但是在不得已的时候，我们只能寻找符合实际且能最大程度降低对孩子的伤害的办法。最为理想的办法是，离婚后的父母继续参与育儿。那么，这时爸爸需要做些什么呢?

如果爸爸没有和孩子住在一起，每次和孩子见面的时候，爸爸与其想着如何一次性补偿孩子，还不如就像天天和孩子生活在一起一样，以平常心对待孩子。给孩子讲日常生活，教孩子功课，关心孩子的朋友和学校生活，与孩子谈论书籍或电影等日常生活的琐事，这些都是爸爸能够做到的。

因为父母离异，孩子承受的伤害或出现的问题行为等，其实都是孩子自然的情感表现。有时候，孩子会觉得父母的离婚是自己造成的，因而深陷于负罪感之中。在单亲家庭或再婚家庭中，孩子有可能患上慢性抑郁症。为防止这种问题，父母应该格外注意，虽然父母没有一块儿和孩子生活在一起，可是应该让孩子感受到"我们依然爱着你，一直关心你"，只有这样孩子才会对生活有自信。

甚至有的家庭一开始就没有爸爸。那么，这种家庭就需要由某人来代替爸爸的角色。因为性别差异，妈妈无论怎样努力也有不能做到的部分。所以，妈妈应该找顾问、亲戚或老师等人来做孩子的第二养育者。

爸爸的作用有很多，爸爸积极鼓励孩子挑战和探索世界，所以爸爸的缺席，会对孩子的成长带来负面影响，尤其对男孩子更不利。通常孩子们会想"即使我挑战失败了，我身后还有爸爸，爸爸会保护我"。可是没有爸爸的孩子无法感受这种安全感。妈妈的作用最终只能归结为温暖的包容，孩子要走向社会，爸爸是孩子走向社会的导师。

我们应该思考如何在日常生活中发挥爸爸的作用。理解和接受孩子的心理，帮助孩子增强自信，进行有效的沟通交流，使孩子成长为品行端正、有良好社会性的人。这就是爸爸的作用。

第三章

# 好爸爸热潮

"如今，爸爸和孩子在家里通常会一起做些什么呢？一起吃冰淇淋，一起看电视，一起玩游戏，一起看书……就这样，爸爸和孩子之间没有隔阂，并且作为一名家庭成员和家人待在一起，这是现今爸爸最大的变化。"

# 1

## 我是好爸爸

# 育儿的男人最帅

现在韩国正刮起一股好爸爸热潮。那么如何才能成为一个好爸爸呢？其实谁都想当个好爸爸，可是没有人能为我们提供现成的执行步骤。况且，这世界瞬息万变，孩子一天天长大，爸爸想要套用所谓的模板、一劳永逸是绝对不可能的。

曾经的经济大国日本评价男人的唯一标准就是经济实力。十几年前，在日本人们普遍认为，"赚钱养家的男人是好家长、好爸爸"。这与我们国家的情况不无两样。虽然双职工家庭日益增多，可是这种观点并没有改变。当时很多日本民众依然认为，育儿是女性该承担的工作，因此参与育儿的男性不到男性总人口的2%，这也和我们国家的情况相似。

现在聚集到这里的爸爸们就是那极少数的"育儿男"。

"他们很喜欢育儿的事情。今天的聚会不是妈妈们的聚会，而是爸爸们的聚会。"

"以前总是把工作放在第一位，可是自从有了孩子以后，比起工作，首先想到家人和孩子了。"

婴儿莎莎舞的讲师佐藤士文出场后，学员们开始了练习。首先佐藤抱起小孩做示范动作。婴儿莎莎舞是抱着小孩或背着小孩跳的舞蹈，是佐藤发明的。跳舞是佐藤结婚前就一直喜欢的业余爱好。后来他的第一个孩子出生之后，他果断选择向公司申请育儿假期，在家负责育儿和家务。随后他发现，自己的爱好也慢慢消失了，所以他就想有没有办法既可以照顾孩子又可以享受自己的爱好呢？

爸爸抱着孩子或是让孩子踩着自己的脚跳
舞，就这样爸爸既能和孩子加深亲密感，
同时又能享受跳舞的乐趣。

　　"我曾想，有没有什么事情是可以和孩子一起做的。后来想到
了和孩子一起跳我喜欢的莎莎舞，那么我就可以在有限的空间里，
抱着或背着孩子自由地跟着节拍跳舞。这样，我既可以继续跳舞又
可以照顾孩子了。"

——佐藤士文/莎莎舞讲师

　　最近，年轻的爸爸们真是花样百出。以前和妻子一起跳舞，现
在是把舞伴换成小孩子，仍然可以跳得兴致勃勃。如果孩子很小，
爸爸就抱着小孩跳舞，或让小孩踩着爸爸的脚或让小孩站在爸爸的
肚子上，随着音乐晃动小孩身体的话，孩子会非常开心，有的小孩
儿还会很快入睡。作为育儿爸爸的趣味生活，这真是最好的选择。
　　和孩子一起跳舞的爸爸显得很兴奋，笑得合不拢嘴。有的爸爸
说，和孩子跳舞的时候能看到平时看不到的孩子的很多丰富表情，

所以很开心。有的人还说，跳舞的时候，能感受孩子温暖的体温，而且心情就像刚开始学跳舞一样激动。也许，有的爸爸满脑子在想怎么跟节拍，因而顾不上小孩。爸爸的舞步总出错，所以舞蹈老师开玩笑地说，一两岁的小孩跳得都比爸爸好。在欢快的音乐和笑声中，他们愉快地享受着跳舞，其乐融融。

过去的2010年，日本出现了"育儿男"这个名词。育儿男（イクメン）是育儿（いくじ）和男人（メン）两个词的合成词，意思是"积极参与育儿的男人"。

这个词在当时成了日本十大流行语之一，引起了很大的轰动。日本厚生劳动省（日本的行政机关，主要负责社会福利、社会保障、公共卫生、劳动条件及环境、扩大就业等工作）发表实行"育儿男"帮扶计划。这项计划是为了帮助想在家里育儿、得到育儿休假的男性，并且致力向他们提供切实的支援。

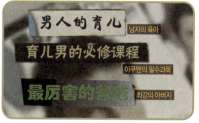

"育儿男"在当时成为日本十大流行语之一，而且还出现了专门介绍爸爸育儿的杂志。

年轻爸爸的这种变化也促进了婴儿用品市场的发展。越来越多的爸爸会亲自挑选婴儿用品，婴儿产品中随之便出现了方便爸爸使用的样式和爸爸喜欢的颜色。当我们问他们，爸爸去买婴儿用品有没有觉得丢脸时，他们回答"一点儿都不觉得丢脸，因为这是我们两个人的孩子，给孩子买东西，我觉得是理所应当的事"。

"7月初是预产期。今天丈夫正好休息，所以我和他一起出来买东西。我想买一个育婴带用起来肩膀不会太疼的、两个人都可以用的那种。丈夫挑选婴儿用品很积极。"

夫妻两个人在仔细地挑选着婴儿车。爸爸按照店员的解说，学习给孩子系安全带的方法。在一旁的妻子看着丈夫认真的样子不禁鼓掌叫好。

现在已经出现了专门介绍爸爸育儿的杂志。一个以"育儿的男人最帅"为主题的杂志，向爸爸们分享了实际生活里能够用到的和孩子一起玩的游戏、玩具等，并且还介绍了爸爸的影响力，交流爸爸育儿的苦恼等。所以，这本专门介绍育儿的杂志不仅受到爸爸们的欢迎，而且也得到了妈妈们的喜爱。

育儿男包含着愉快地享受育儿、在家庭中找到爸爸的位置、自我成长的含义。所以，育儿男热潮反映了男性要积极参与育儿的决心。以前人们普遍认为育儿的男人是不会工作、没有能力的男人。现在，这种观点已经改变，很多人认为育儿的男人很棒。对此，日本的育儿专栏作家小室良江是这么说的：

"男人们开始觉得'育儿是很了不起的事情'。这种认识上的改变很重要。'育儿男'不是'只会育儿不会工作的人'，而是

134

'工作和育儿都能出色完成的人'，因此很受女性的欢迎。"

　　大力支持育儿男计划的日本厚生劳动省强调，"好爸爸是养育孩子的男人"。从"享受育儿"的育儿男宣言中，我们也能看出爸爸们的意志。"爸爸们要做到，每天早晨上班的时候，孩子哭着缠着喊'爸爸'，不让爸爸走的程度""育儿虽然辛苦，可是也很开心，所以不能让妻子一个人来做""通过育儿，爸爸们也会成长""全国的爸爸们都来享受育儿的乐趣吧！"……从爸爸们的这些发自内心的感言中，我们不难看出爸爸们对育儿的关心。我们号召全世界的爸爸们都向日本这些年轻爸爸学习。

日本厚生劳动省支持爸爸育儿，还强调"育儿的爸爸是好爸爸"。

　　育儿男热潮也影响了企业文化，日本有400多家企业发表了支持爸爸育儿的宣言。因此，石原能够在更稳定的环境下兼顾工作和育儿。每天早晨，他都带着3岁的孩子一起上班。公司里有儿童之家，所以他把孩子送到那里，下班的时候再领回家，其间孩子若有什么事情，他可以及时去照顾孩子，所以他能够安心地工作。

　　"因为育儿男帮扶计划的实施，公司里才有了儿童之家。公司允许员工自由享受育儿假期。"

——爸爸 石原图野武

　　已经休过育儿假期的石原，开始的时候感到很不安。以前没有边上班边照顾小孩的经验，而且他还担心自己几个月没有上班会给同事们带来麻烦。可是，之后他发现自己既能照顾好孩子，而有同事在休育儿假期的时候，大家也能够互相理解支持。更重要的是，大家不再认为"育儿只是女人该做的事"。

石原和孩子一起上班，公司里的儿童之家照看着孩子，所以他能够安心工作。

　　在日本像石原一样，很多认为育儿是女人的本分的男性，已经和十年前相比改变了很多。日本厚生劳动省对家有0~6岁的孩子的40岁以下的1 500名男性进行了一项调查研究，结果有31.8%的人表示希望休育儿假期，并且想积极参与育儿。

　　育儿的男人改变家庭，改变社会。通过育儿他们自己也会成长，如此不仅帮助了妻子的生活，而且会影响孩子的社会性发展等，即带来了社会整体的发展。这就是育儿男计划的美好前景。但是日本的现状是，想参与育儿的爸爸很多，可实际真正参与的人并不多。不管怎样，为了缩小这个差距，日本社会的家庭观念和环境还在改变，政府和地方企业仍在继续支持进行中的育儿男帮扶计划。

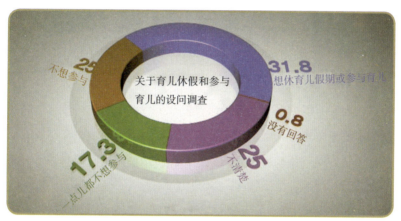

关于育儿休假和参与育儿的设问调查

31.8 想休育儿假期或参与育

25 不想参与

0.8 没有回答

17.3 一点儿都不想参与

25 不清楚

日本爸爸3人中有1人想参与育儿。

我们国家不像日本，爸爸育儿的政策或价值观没有在整个社会普及。可是，我们国家的爸爸开始逐渐认识到，育儿的价值、孩子成长中的爸爸的作用和幸福的家庭对于人生的意义，并且也认可爸爸育儿及相关研究的重要性。

## 好爸爸的代表国家：瑞典

最近，取代严厉和纪律性特点的育儿方式，以注重自律的"北欧爸爸"式育儿方法引起了人们的注意。"北欧爸爸"式育儿指爸爸积极参与日常的育儿事情，即爸爸给孩子换尿布，送孩子去儿童之家，和孩子一起玩等，爸爸做的很多事情不亚于妈妈。这种育儿方式的特点之一是，他们喜欢户外活动。北欧爸爸对散步、休闲和旅游的认识很高。

制作组寻访了喜欢育儿的代表国家：瑞典。樱花盛开的公园里，带孩子来游玩的爸爸很多。在这里随处可见推着婴儿车的爸爸，偶尔还能看见悠闲地喝着咖啡和孩子聊天的爸爸。在瑞典，这些都是人们习以为常的。身旁放着婴儿车看着书或者和另一个推着婴儿车的爸爸聊天等现象，在韩国是根本看不到的。那么，他们是怎样看待育儿爸爸的呢？下面是我们在公园里遇见的爸爸们所说的"好爸爸"的含义。

在瑞典随处可见爸爸和孩子在一起的情形，就像在我国妈妈和孩子在一起似的，他们看起来很自然。

"我觉得推着婴儿车的爸爸是英雄。对孩子的责任感让人感觉很棒、很开心。"

"我觉得，好爸爸应该和孩子一起出去玩，一起吃饭，给孩子买日用品等，是在日常生活中尽最大努力的爸爸。"

"我觉得应该是有责任感的新时代爸爸。这种爸爸我看着都很棒。"

"我觉得好爸爸应该无条件地和孩子在一起，否则就不能理解孩子。"

在瑞典，育儿休假是常有的事情，所以诸如上面的采访显得没有什么意义。有的爸爸甚至对育儿根本没有感到苦恼，他们只是坦然接受。**他们说，孩子和妈妈在一起或和爸爸在一起没有什么区别。**

话虽这么说，其实爸爸们也有苦衷。当了爸爸以后，他们失去了很多个人时间，没有时间顾及自己。因为孩子成为他们生活的全部。可是，爸爸们依然觉得育儿是幸福的、有价值的事。**育儿让爸爸变得更成熟，让爸爸认识到，他们不是失去了个人的人生，而是得到了新的人生。**他们还说，育儿并没有让他们失去自己的兴趣爱好。如果没有自己的兴趣爱好，没有个人生活，那么也就成不了幸福的爸爸。他们也幻想将来和孩子享受同样的爱好。

在瑞典，育儿的爸爸不断增多是因为和孩子度过愉快的时间的爸爸们互相分享经验和鼓励彼此，而且还有政府的大力支持，更主要是妈妈们的积极配合。在瑞典，对爸爸育儿好像没有什么偏见，这已经成为社会普遍认识。

1970年育儿政策的宣传画　　　　1980年育儿政策的宣传视频

从1970年开始，爸爸育儿就在瑞典受到了普遍的重视，政府开始大力宣传育儿爸爸的形象，并改善了有关制度。

四五十年前，大部分的瑞典男人也是大男子主义性格。可是，从1970年开始随着参加工作的女性增多，更多家庭需要男人分担育儿的负担。政府宣传爸爸育儿，并且改善了相关制度，随之社会对育儿爸爸也有了新的认识。瑞典社会保险厅家庭经济组代言人尼古拉斯·洛夫格伦是这样介绍瑞典的育儿政策的：

"与育儿相关的大部分社会费用由企业承担。这个制度的好处是，员工可以一边工作，一边和家人享受生活，即有了孩子也可以继续工作。同时，还提高了瑞典的出生率。"

瑞典的育儿制度是世界上最先进的。瑞典夫妻领80%的工资，可以休480天的育儿假期。这个假期，如果爸爸妈妈各用一半，那么还可以减免税。育儿休假还可以根据自己的情况，每天使用3小时、6小时、12小时等，最长可以享受8年之久。1995年，瑞典政府进一步加强了这一制度，规定育儿休假中，爸爸必须休60天的假。育儿休假最大的特点是，政府给予的经济支援很丰厚。通常夫妻两个人协商决定使用育儿假期，可是他们都想和孩子在一起，所以也有夫妻争夺假期的事情。

随着爸爸育儿制度的加强，最近二十年休育儿假期的女性减少了，休育儿假期的男性则增多了两倍还多，已经达到了23%。

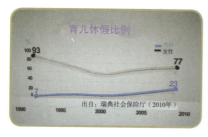

1990年，爸爸休育儿假的只有7%，2010年上升到了23%。这说明，现在的瑞典每4名爸爸中有1名爸爸享受育儿假期。

同样在北欧的芬兰，90%以上的爸爸会休一两个月的育儿假期。爸爸育儿还没有很好落实的韩国要赶上这些国家，必须要加倍努力了。

瑞典的很多爸爸是孩子的第一养育者。

我们拜访了斯德哥尔摩的一位正在休育儿假期的爸爸。有三个子女的罗恩，这次是在小女儿拉伊尔出生以后休育儿假期的。

罗恩是电视广播明星。三个孩子出生的时候，都休了一年左右的假期。他现在已经成了育儿专家，如今小女儿的第一养育者还是爸爸罗恩。

"我在家的理由有几个。其中最主要的原因是和孩子在一起很开心。想和孩子建立好的关系就要多和孩子在一起。"

——爸爸 罗恩·阿尔卑斯·利普斯基

休假期间，罗恩负责家务和育儿等事情，担当着家庭主夫的角色。早上9点，妻子上班以后，就像带孩子的普通妈妈一样，他也开始了一天的工作。喂六个月大的宝宝，和她玩，换尿布，这样一上午就过去了。这种比较单调的日常生活实在难熬，就算一整天什么也不做，只是和孩子待在家里也不是轻松的事情。

趁着孩子午睡的时间，他推着婴儿车去公园散步。这时候可能是罗恩日常生活中的一个小小的解脱时间吧。在他家附近的小公园里，罗恩能遇到很多和他差不多的爸爸，他们很自然地交流着育儿的苦衷和快乐。

"肉体上和精神上的痛苦很多，可是照顾孩子是我们大人的责任。照顾孩子这件事简直就像那通向远方的无尽铁轨。"

在公园里，罗恩经常能看到推着婴儿车的爸爸。他们互相交流育儿的辛苦，就像韩国的妈妈们一样。

不知不觉地他们会说出育儿的辛苦，这说明他们的育儿压力也很大。妈妈们可能有同感：越是积极参与育儿，压力就会越大。于是爸爸们也正在找解决方法。

"刚开始育儿的前三个星期，我都不知道'自己为什么要做这些'。因为孩子我失去了个人的时间。以我为中心的生活有了孩子以后都变了。现在不得不放弃个人欲望。"

——爸爸 罗恩·阿尔卑斯·利普斯基

若不是因为男人育儿很艰辛，也不会出现爸爸育儿的歌。那么，我们来看一下这首歌的歌词吧。

我的家一片混乱，儿子很无情。
如你所见，我已疲惫。
我问儿子可否抱我一下？
儿子到我怀里吐我一身，
可是，我是很棒的爸爸。
获得了育儿休假蓝调曲。

这首歌感叹因为育儿而不得不以孩子为中心的疲惫生活。尽管如此，瑞典的爸爸们知道，喂孩子、和孩子一起玩、散步和给孩子读书等周而复始的生活的幸福所在。而且，他们还认为自己是百分百的好爸爸。

"在瑞典，虽然爸爸可以更多地利用育儿休假，可是他们用的还是没有妈妈们多。也就是说，社会上仍然存在对爸爸育儿的偏见。所以，我们应该更加开放对爸爸育儿的态度。"

罗斯·D. 帕克教授指出，首先应该改变对爸爸育儿的偏见。孩子出生以后的婴幼儿时期，需要爸爸妈妈共同为孩子做很多事情。夫妻应该共同学习和孩子建立情感纽带的方法以及育儿的方法。

瑞典的爸爸们说，夫妻双方无论谁使用育儿假期都可以。这或许是因为社会制度很完善的原因吧。所以，妈妈们也能在社会中积极工作。爸爸们还说，孩子会让爸爸们工作起来更有动力，而且他们认为未来美好的生活是在家和孩子在一起。

## 爸爸俱乐部：大家一起思考育儿问题

这里是休育儿假期的爸爸们聚集的地方：爸爸俱乐部。罗恩每星期都要去一次。比比皆是的婴儿车，各种传单里的信息，爸爸俱乐部就像是专门为休育儿假期的爸爸们准备的爱情小屋一样。他们在这里互相交流育儿经验，倾诉育儿的苦恼，有时候还定一个主题讨论上一个小时。讨论的主要内容是当上父母以后遇到的日常问题、育儿、育儿休假和夫妻关系等。爸爸俱乐部是有着相似经历的育儿爸爸们探讨人生的地方。

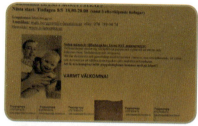

爸爸俱乐部是育儿的爸爸们探讨人生的爱情小屋。在这里他们交流育儿经验，倾诉各自的苦恼，也听取别人的意见。

在瑞典，爸爸俱乐部已经有二十年的历史了。刚开始很多爸爸不关心育儿。爸爸俱乐部主要是为了让爸爸们认识到育儿的重要性，告诉他们怎样帮助妻子照顾孩子。因为他们认为，爸爸虽然不能怀孕或哺乳，但是爸爸肯定具有帮助作用，也就是说，希望爸爸妈妈作为父母都应该有所作为。

"刚才我们讨论了和孩子在一起会感到自豪的话题。那么，接下来我们来谈一下怎样分配休假的时间。"

"我和妻子商量过了，一个月中我用一个星期，其余的打算在一年内使用。然后我们商量了怎么安排工作时间。"

爸爸俱乐部里的爸爸们正在讨论育儿休假的话题。总是在家的爸爸们能有这种沟通的时间，对他们来说是很重要的。这也是爸爸们坚持参加聚会的原因之一。过去的十五年里马休·贝格兰一直担任俱乐部的领导。

"因为育儿爸爸要承担很多，所以爸爸们就会担心自己个性的改变，也容易得抑郁症。这种现象说明，爸爸在积极参与育儿，参与得越多，抑郁症发生的概率也会越大。但是这些不是什么大问题，多和别人沟通交流就可以解决。"

世界卫生组织（WHO）发表的资料显示，发达国家每五名产妇中有一人会得产后抑郁症。就像妈妈会得产后抑郁症一样，如果爸爸参与育儿的话，也会得产后抑郁症。瑞典10%的爸爸在孩子出生时会得"产后抑郁症"。就这样，爸爸也会像妈妈一样，因为孩子的出生而感受责任感和担心自己个性的改变。

爸爸俱乐部不是要告诉爸爸们用什么方式改变自己，而是支持爸爸们自己解决问题。大部分爸爸知道解决方法，并且也知道自己为什么会抑郁，所以处境差不多的爸爸们在一起交流，会让他们心里得到安慰。相互倾听，寻找解决方法，对消除抑郁症很有帮助。

小孩子在婴儿车里熟睡，爸爸们三三五五聚在一起，围绕一个主题进行讨论，爸爸俱乐部的氛围看起来很融洽。

其实，参加爸爸俱乐部的爸爸们各自都掌握了必要的育儿知识。所以，爸爸俱乐部不会再提供具体的育儿信息，只是帮助爸爸们把各自的信息更好地运用到实际当中。比如，不是告诉他们，要休多长时间的假期，用什么方式休假，而是让爸爸们认识到，假期中不应只顾自己享受，而是应该和家人一起分享。用诸如此类的方式帮助爸爸们重视育儿假期。爸爸们可以通过别人的经验和认识，决定自己的休假方式。俱乐部还提供各种研究、调查和统计的信息，比如，向爸爸们提供合理利用育儿假期的家庭离婚率较低之类的信息。实际上，爸爸关心孩子表明，爸爸对家庭有责任感，这自然而然也影响到夫妻关系。2002年，在瑞典实行的一项调查研究显示，爸爸积极参与育儿和妻子分担家务和育儿后，离婚率降低了30%。

1974年，瑞典政府开始给予爸爸们育儿休假补贴，这在世界上是首例。这个制度减轻了女性家务劳动和社会工作的负担，男性也可以暂时地从工作中解脱，参与到育儿中了。之后，其他很多国家开始认识到了爸爸育儿的重要性。

爸爸俱乐部不是教给爸爸们具体的知识，而是提供给爸爸们对话的场所。贝格兰说，自己成为讨论会的领导就足够了。他希望，爸爸们在这里学到育儿的技巧，互相交流好的经验。他强调，爸爸们不要怕因照顾孩子而丢了工作，而应该认识到只会埋头工作就会失去家人。他还说，爸爸应该能够坦荡地对孩子说，自己是好爸爸，而且应该有信心成为更好的爸爸，更好的人。

爸爸俱乐部的爸爸们知道，做父母是自己的选择。"我会开心的""我要和孩子在一起""我要投资时间""我想学习让孩子更出色的方法""我要关注孩子需要的东西"等，这些都是父母们所选择的。很多妈妈已经这么做了，相信爸爸们也会在自己的选择里过着更愉快的生活。

## 妈妈的产后抑郁症 &
## 爸爸的"产后抑郁症"

只有妈妈才会得产后抑郁症吗？答案是否定的，爸爸也会得产后抑郁症。就像女人变成陌生的"妈妈"一样，男人也对"爸爸"这一称谓感到陌生和负重感。

分娩后很多女性会得产后抑郁症。女性门户网站EZday的调查研究显示，被问到"分娩后有没有产后抑郁症"时，62.5%的女性回答了"有"。特别是分娩后的第四到第六周期间，新妈妈们会出现情绪忧郁、不安、失眠、明显的体重变化、消极、注意力分散、有负罪感等症状，甚至有的人还会有自杀倾向。

她们认为导致自己产后抑郁症加剧的主要因素首先是对家务和育儿不关心的丈夫（31.5%），其次是照顾孩子的辛苦（27.8%）。也就是说，导致产后抑郁症加剧的第一和第二个原因是自己所爱的丈夫和孩子。可是，同时还有23.4%的女性回答"丈夫帮助自己克服产后抑郁症"。

同样，我们也向丈夫提问了"有没有得过产后抑郁症"的问题。结果，被调查者中21.2%的人回答了"有"，虽然没有女性（62.5%）那么多，可是足以颠覆只有女性才会得产后抑郁症的传统观念了。而且，大多数的男性不清楚自己是否得了"产后抑郁症"，他们以为那只是对家庭新成员所有的责任感和负担感。所以，患有"产后抑郁症"的爸爸的数量可能会更多。

爸爸们觉得，应该无条件地好好对待承受痛苦的怀孕和分娩的妻子，以及刚出生的年幼的小孩。爸爸自己甚至也是把所有的精力都放在了妻子和孩子身上，唯恐妻子的产后抑郁症发作，他们处处小心，却疏忽了自己的感受。因此爸爸的"产后抑郁症"就更容易发作，可是他们连好好梳理自己内心的机会都没有。

妈妈产后抑郁症的原因有很多，其中主要的原因是激素的影响，所以分娩后的一两个月内基本上就会消失。可是，爸爸的"产后抑郁症"是由心理原因造成的，所以特别需要妻子的关心。就像前面提到的丈夫帮助妻子克服产后抑郁症一样，治愈爸爸的"产后抑郁症"也需要妻子的帮助。

### 爸爸或许得了"产后抑郁症"

突然，爸爸不爱说话了，而且更卖力地工作或很晚才下班。明明知道家人在等着他，可是经常喝得酩酊大醉才回来。如果有这些情况，那么爸爸有可能得了产后抑郁症。

### 如果丈夫有产后抑郁症倾向，怎么办？

最重要的是，让爸爸认识到他是一家之主。爸爸把全部精力都放在孩子身上，可是，孩子只会找妈妈时，爸爸就会觉得受到冷落了。这时妻子应该理解丈夫，夫妻俩彼此更加关心照顾对方，那么夫妻关系也会更融洽，更顺利地适应"分娩"后的家庭变化。

女性在这之前有很多机会熟悉"妈妈的角色"。可是男人对"爸爸的角色"很陌生，所以对爸爸来说，一切都很生疏。如果这时候，妈妈对爸爸又是唠叨又是责备，那么爸爸会更退缩，感情也会变得更孤独。当然，夫妻关系也会恶化。所以，妈妈应该理解爸爸的笨拙，并且夸奖爸爸。男人是吃软不吃硬的，如果妻子能够经常夸奖丈夫，那么他也会变成积极参与育儿的爸爸。而且，当爸爸积极主动参与育儿的时候，爸爸意志消沉的情绪和被冷落的心情也会变好。

# 世界上最好的爸爸：阿卡族爸爸

全世界正在掀起一股好爸爸热潮。可是让人吃惊的是，首屈一指的好爸爸却是中非的阿卡族（Aka Pygmies）爸爸。阿卡族是中非很多俾格米人中最大的狩猎采集种族。据说，阿卡族爸爸一天有一半多的时间和孩子在一起。

美国华盛顿州立大学巴里·休利特（Barry Hewlett）教授自1970年第一次接触阿卡族以来，一直亲自观察他们的生活，然后写了一本关于阿卡族的书。他看到，阿卡族的父母总是抱着孩子或总是和孩子在一起。有时候是妈妈，有时候是爸爸陪在孩子身边。阿卡族的爸爸平均每天有十二个小时和孩子在一起，而且这之间有三个小时左右的时间要抱着孩子，睡觉的时候也是和妻子、孩子一起睡。巴里·休利特教授是这么说的：

"人们往往疏忽已经习惯的事物。阿卡族人虽然也区分性别作用，可是在育儿方面他们没有划分妈妈领域、爸爸领域，而是非常灵活地参与育儿。"

阿卡族认为，照看孩子是爸爸妈妈都应该做的事情，甚至爸爸让孩子吸吮自己的乳头。据报道，英国父爱研究机构"爸爸的指导（Fathers Direct）"发现了非洲阿卡俾格米人的这一风俗。报道还说，妈妈不在的时候，让孩子吸吮爸爸的乳头是很有效的哄小孩的方法。幼儿心理学家们认为，吸吮爸爸的奶可以让孩子得到心理上的安慰。

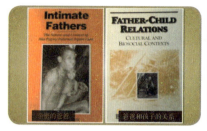

研究阿卡族的巴里·休利特教授注意到了阿卡族爸爸们总是和孩子在一起的现象。

巴里·休利特教授亲自观察阿卡族的生活时，发现了很多惊人的事情。孩子哭的时候，会找爸爸的乳头。就像前面介绍的朗纳尔·本特森一样，他们也在尝试父乳喂养；而且，像是常有的事情似的，他们已经很熟练。休利特教授说，从繁殖生物学的角度看，人类可以非常灵活地适应各种环境（他以心脏为例子说明，人类根据可以不同的环境慢慢改变心脏的大小）。所以，父乳喂养在特定的环境下也有可能实现。

休利特教授强调，阿卡族爸爸被选为最好爸爸的理由是，他们总是和孩子在一起。

"这里最重要的是，爸爸总是和孩子亲密地在一起。这是非常重要的。阿卡族爸爸和别的任何国家的爸爸相比，和孩子在一起的时间很长，并且亲自参与育儿。"

阿卡族爸爸不管是见朋友，还是喝椰汁或劳动，都带着孩子。阿卡族人非常好动，每年平均搬家八次，而且家族成员一起出去打猎。孩子们用网兜捕猎，女性也掌握了打猎的各种技术。阿卡族妈妈通常不背孩子而是抱着，因为抱着可以随时方便喂奶，所以她们可以一小时喂四次奶。阿卡族人睡觉的时候，也不把孩子放下来，而是抱着睡。

"也许我们不能完全地按照阿卡族人的方式育儿，可是我们可以向他们学习。那就是经常和孩子在一起。或许因为工作或其他原因，现实生活里很难做到，可是至少我们应该在孩子周围或是离孩子近的地方。"

　　爸爸应该像妈妈一样具有柔韧性，经常照看孩子，给孩子传授知识。最近爸爸们和孩子在一起的时间比以前多了，他说，很支持爸爸的这种举动。

　　阿卡族人平时是和多个亲戚聚集生活的，所以会有很多人照顾小孩。而我们不是，所以育儿会相对辛苦一些。因此，夫妻关系就显得尤为重要。

总是和孩子在一起的阿卡族爸爸们，即使睡觉的时候也抱着孩子。

　　休利特教授说，和孩子一起睡觉是一种育儿方法。这在韩国很常见，可是在美国却很少见。在美国，从婴儿时期开始，父母就让孩子独自睡觉，可是现在他们也已经改变了。这不能不说是一个巨大的变化。休利特教授说，如果白天父母没和孩子在一起，那么晚上完全可以和孩子在一起。

　　爸爸的定义，可能由于文化差异而有所不同。可是归根结底好爸爸一定是和孩子亲密地在一起的爱孩子的爸爸。最重要的是，当孩子需要爸爸的时候爸爸能在孩子身边。


# 爸爸们开始行动了——小学父亲会

最近，我们国家也开始出现了年轻爸爸育儿的新气象。他们不愿再当孩子的第二养育者，而是要站在育儿的前线，当个好爸爸。

今天是某小学的运动会，空旷的操场上聚集了一群中年男子。他们认真地搭建着帐篷、搬东西，原来他们是参加小学父亲会的爸爸们。

"今天开运动会，我们是给孩子和妈妈们搭帐篷的。运动会还有各种活动，活动的工作人员也是由爸爸们来担任。"

爸爸们一大早便开始的各种准备就绪后，孩子们就要登场了。不一会儿，运动场里聚集了很多人，这时候爸爸们又成了组织活动的工作人员。爸爸们在运动场的各处忙碌着协助活动进行，他们看起来很幸福。现在，他们在老师的指导下，生疏地练习举旗。

一位有些不好意思地练习举旗落旗动作的爸爸说："我是一年级学生的家长，今天第一次参加，以后我要努力地做下去。"不管怎样，运动会总会让人激动和开心。一位和女儿跑步的爸爸说："这样的活动，反而比在家里休息更好。和孩子一起活动，让我感到有种说不出的愉快。"旁边的孩子们也是，和爸爸一起嬉闹着进行有趣的活动，他们都显得很开心、很幸福。

现在爸爸们积极参与孩子的学校生活。平时看不到孩子学校生活的爸爸们以及和爸爸在一起的孩子们，都显得很开心。

近几年来，爸爸们开始拜访孩子的学校了。他们创立了"父亲会"，积极参与学校的活动。比如今天，如果没有爸爸们的参与，活动可能无法正常进行下去。在休息日睡觉的爸爸，似乎已经成为过去式了。

和爸爸在一起，最开心的是孩子们。让孩子们知道爸爸也参与教育，这有很重要的意义。爸爸可以亲眼看到之前就想知道的孩子在学校的生活，拉近了和孩子的距离。有的爸爸通过开设网络咖啡屋等，挤出时间也要参与孩子的教育。而且，"父亲会"成员从担当学校运动会的工作人员开始，还负责地方巡查、学校暴力预防等，他们发掘了很多项目，带领着更多的爸爸加入到孩子的教育中来。

如今，对好爸爸的要求也发生了变化。传统的大家庭经过产业化革命以后，变成了核心家族（由父母和未婚子女组成的家庭）。随之爸爸的角色也自然而然地发生了变化，因为爸爸也要像妈妈一样照顾孩子。由于双职工家庭的出现，现在需要爸爸妈妈两个人一起照顾子女。可是，经济合作与发展组织（OECD）国家中，韩国员工的工作时间最长。虽然女性参加工作的人数在增加，可是妈妈照顾子女的平均时间是爸爸的两三倍。虽然家庭中爸爸的作用相比以前有很大的变化，可是爸爸们还是要集中精力努力地工作。

深夜，网络育儿部落的会员们聚到一起了。最近通过网络上传育儿信息，共享信息的爸爸们不断增多。

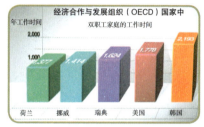

"我不清楚，爸爸这个角色是怎么样的。不洗碗就是坏爸爸吗？不打扫屋子就是坏爸爸吗？我还不会做饭……所以，我觉得用这种方式定义好爸爸，是不是过于狭隘了呢？"

"平时高兴的时候，我就和孩子多玩一会儿，或多抱他一会儿，早晨也会抱一下再上班。可是我觉得累的时候，就会当作没看见一样。所以，我觉得只有我感觉幸福了才有可能发挥能量。这想法虽然有些自私，但是这是我找到的一个方法。"

"人们通常认为，爸爸还应该具备妈妈的作用。不过，我觉得从内心发出的行为才是最正确的。"

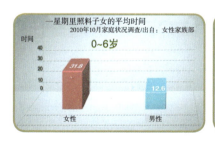

好爸爸的定义似乎没有标准。具体问题需要具体解决，好爸爸们要思考的问题越来越深刻了。对此西江大学教育文化科郑有盛教授是这么说的：

　　"如今，人们的幸福感赶不上物质的增长。这就像气球膨胀以后，上升速度变得很快一样。开始人们以为这就是幸福，所以追赶着，可是某一瞬间领悟到这其实不是。其他方面我们没有学过，而且也没有学习的榜样，可是育儿、家庭的价值已经被人类历史证明了。当我们从中感受到真正的幸福时，才能体会'这就是我幸福的源泉'。这种幸福不能只依靠抽象的想象，而需要爸爸们亲自加入，所以这一点很重要。"

　　最近主动参与育儿、思考育儿问题的爸爸不断增多。而且，在急剧普及的爸爸育儿热潮中，我国保健福利部在2011年实行的"献爱心"计划，引起了我们的关注。"献爱心"计划是克服低出生率活动中的一项活动，是一个为了鼓励爸爸参与育儿的网络聚会。

　　"献爱心"计划中有一个项目是"百人爸爸团"，它由教给大家育儿知识的"分享"爸爸和要学习育儿知识的"学习"爸爸组成。他们通过各种SNS（社会性网络服务）宣传和分享育儿知识。一些名人也会参与到这项活动中，给大家当顾问，做讲演。爸爸们通过视频分享有关育儿、家庭、家务等信息，而且还通过非网络聚会，举行家庭体验活动。

　　现在，爸爸们开始慢慢改变了。年轻爸爸们掀起的好爸爸热潮证明，大家开始认识到，育儿不只是属于妈妈的责任。为了可爱的孩子的将来，不愿做育儿者的旁观者爸爸们，现在开始奋力追赶吧。

# 什么都没有

 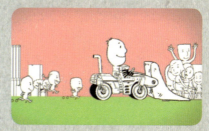

现在就剩下爸爸、妈妈和我三个人了

2

和孩子建立情感纽带的爸爸们

# 画爸爸，反映出孩子们的心理

如今的孩子是怎样看待自己爸爸的呢？孩子心中的好爸爸形象又是怎样的？制作组向小学父亲会的爸爸和孩子们提出了这些问题。

制作组让孩子们画自己的爸爸，又让爸爸画自己。然后分别让他们给爸爸打分。孩子们凭感觉把爸爸平时的样子画出来了。

通过这个课题，我们可以了解孩子平时是怎样看待爸爸的，对爸爸的期望是什么，以及爸爸自己对爸爸角色有怎样的想法。

孩子们立刻开始认真地画爸爸。可是爸爸们好像有些犯难，突然有很多想法似的，愣愣的，似乎很难下手。

通过孩子画的爸爸，可以看出孩子心中的爸爸的样子。

"怎么画爸爸的样子呢？"

"不知道该怎么画……"

"这让我很为难，感到有些惭愧。"

**我是怎样的爸爸？以前是好爸爸吗？**

其实，爸爸们没有多少机会去想这些问题，所以不知道该怎么画自己，而且有些担心孩子们对自己的评价。

讲师：嗯……分数呢？告诉爸爸吧。

孩子：30分。

讲师：可是爸爸想的分数是87分，差距很大啊。

爸爸：啊，是啊……爸爸以后要努力得100分。

讲师：好，鼓掌！爸爸说了，以后要努力得100分。

孩子画的画：30分

爸爸画的画：87分

当时爸爸可能想挖个洞钻进去吧。在众人面前失去脸面的爸爸，因为孩子的分数和自己的分数相差悬殊，感到紧张和不知所措。金善贤教授是这么分析孩子和爸爸的画的：

"这幅画里，孩子和爸爸舞刀弄枪的样子看起来很开心。这些可以从两人互相看着对方，攻击和防备的姿势，还有图画使用了亮颜色等方面看出来。可是，同时还反映了，孩子希望爸爸多陪自己玩的希望和只玩这些还不够的不满。在这里爸爸给了自己很高的分数。因为，爸爸认为自己经常陪孩子玩，很关心孩子，所以觉得应该得到高分。可是小孩子想的是更多地跟爸爸一起玩。"

孩子们画的是爸爸和自己一起做饭或玩游戏的样子。大部分孩子具体地画出了爸爸的样子，给爸爸的分数也比较高。金善贤教授是这么评价变化中的爸爸的样子的：

"现在，在家里爸爸和孩子通常会一起做些什么，也就是说和家人一起生活，养育孩子。比如，一起吃冰淇淋，一起看电视，一起玩游戏，一起看书，一起旅游……就这样，爸爸直接地表达关心孩子的感情，并且作为家庭成员和家人在一起。"

这次实验结果表明，整体上大部分的画颜色明亮，而且基本上画的是爸爸和孩子在一起的场景。还有，孩子给爸爸的分数和爸爸给自己打的分数，大致上差不多。这说明，最近的爸爸和以前的爸爸不同，和孩子的感情很深。现在的爸爸们也开始关心家庭中自己的作用、育儿、子女的未来及生活、子女的学校生活等。因此，可以说爸爸和孩子的关系比以前更亲近了。

那么，为什么爸爸和孩子的画或分数会有差异呢？在这一方面，高年级孩子和低年级孩子有明显的不同。

比如说，孩子给了高分，而爸爸自己却给了低分；或相反，爸爸给自己高分，而孩子却给爸爸低分，后者主要出现在低年级的孩子中。爸爸经常和孩子开心地玩，孩子经常能看到爸爸，低年级的孩子才会给爸爸高分。而高年级的孩子却能够理解，爸爸不能在自己身边的情况、爸爸的工作、爸爸对家庭的责任和爸爸的心理等。爸爸因为和孩子玩的时间不多，所以给自己低分，而孩子们理解爸爸的工作，所以会给爸爸高分。即孩子由低年级到高年级后，更理解爸爸的存在，理解爸爸对家庭的作用，所以给爸爸更高的分数。孩子们在画里把某人画得好的话，说明孩子关心那个人，喜欢那个人，与那个人的关系好。

那么，接下来再看几幅画吧。

# 画爸爸

整体来说画的颜色比较明亮，孩子给爸爸打的分数和爸爸认为自己应得的分数差不多。

一个高年级的孩子画的爸爸是，面带微笑在研究室里认真工作的样子，并且还对爸爸的存在、职业和爸爸的诚实等给了很高的分数。可是这位爸爸却画了自己一个人骑自行车的场面，因为没有多陪孩子，所以感到惭愧，给自己较低的分数。

另一幅画表现的是，爸爸从事旅游工作经常出国的样子。孩子可能经常收到礼物，听爸爸讲国外的趣闻，所以对爸爸很满意。可是，爸爸却认为自己没有和家人一起去旅游，所以给自己较低的分数。虽然爸爸很忙，但是休假的时候能陪自己看电视，就因为如此，孩子给爸爸100分。孩子用的颜色是淡蓝色，画中的爸爸和自己亲密地在一起开心地笑。

低年级的孩子们画的大部分是和自己一起玩的爸爸，并且是像朋友一样的爸爸，而高年级孩子画的基本是爸爸的职业、兴趣、爸爸的作用等，表达了抽象的概念。孩子小的时候，爸爸的角色是陪孩子一起玩，孩子稍微大了一些以后，孩子就想看到爸爸在职业、工作等方面的模范作用。

爸爸画自己的时候，以前大部分是画自己在睡觉或一人看电视等脱离家人的画面，所以表现出"爸爸有些特别"。可是最近，更多的是爸爸和家人一起生活的画面。画中的爸爸和孩子一起做事情，而且爸爸想通过图画表达自己对孩子的爱。实际上，爸爸们和家人在一起的时间也比以前多了许多，也更关心孩子。

爸爸育儿成为社会的趋势以后，虽然爸爸越来越喜欢育儿，可是他们也有感到疲惫的时候，所以需要自己来调节压力。比如，培养兴趣爱好，充实业余时间，或挑战新鲜事物等。爸爸对未来怀有梦想，不仅对孩子的教育有帮助，而且还会让整个家庭充满希望。

# 每天和孩子玩10分钟的爸爸

爸爸是孩子的最佳游戏伙伴。可是，爸爸每天因工作东奔西跑，难得当好爸爸。而且，爸爸想腾出时间和孩子玩，孩子可能又要上辅导班，所以调整时间也不容易。一位平凡的爸爸东权经过考虑后下定决心，每天要和儿子世焕玩10分钟游戏。就这样，他坚持了一年以后，现在和孩子亲近了很多。

最近他们经常玩世焕喜欢的棒球游戏。和爸爸在一起的时候，世焕开心得活蹦乱跳，和两年前的样子大不一样了。

"有一天，孩子突然大声喊'**爸爸为什么总是工作**'？我当时心很痛。原来在孩子的眼里，我是一个只会工作的怪物……所以，我想改变在孩子心目中的形象。我想让孩子一提到我就能联想到高兴、兴奋、紧张、开心、愉快的感觉。"

——爸爸 金东权

东权寻找能为孩子做的，并且也是自己擅长的事情时，有一天发现可以利用可回收物品做玩具。用可回收物品做玩具不但省钱，而且还可以和孩子度过愉快的动手做玩具时间，还能激发孩子的创造力，可谓"一石三鸟"。儿子世焕非常喜欢做玩具，现在已经做了150多个。爸爸坚持每天做新玩具，在孩子眼里爸爸现在已经由"工作的怪物"成功转变为"每天一起玩的爸爸"了。

> "以前，爸爸不陪我玩，所以很无聊。现在陪我玩，所以我觉得爸爸很完美，我心中的爸爸的空缺好像已经填满了似的。"
>
> ——儿子 金世焕

每天和孩子一起玩10分钟的爸爸，现在已经成为孩子最好的伙伴了。

金东权把自己亲手做的玩具拍摄下来，上传到了他的博客（www.monsterdad.kr）上。现在，他已经成为爸爸育儿博客群里的名人了。他的博客知名度和点击率都很高，2011年还被评选为最佳博客。分享自己的育儿方法让他感到很开心，并且通过网络和大家交流育儿经验，他也得到了不少帮助。本来是为孩子而做的很小的事情，现在看来效果非常好。

在一天24小时，即1440分钟里拿出10分钟和孩子玩，看起来很轻松，可是要一直坚持下去也不是那么容易。但是，东权认为，在平时的生活里能做此努力的才是好爸爸。

那么，我们再来看一下罗斯·D.帕克教授所讲的，孩子和爸爸玩的游戏与和妈妈玩的游戏的区别吧。

"爸爸们喜欢肢体游戏。比如摔跤，把孩子举起来又放下，跳跃等，所以孩子受到的刺激很多，容易兴奋。与之相反，妈妈喜欢用语言和孩子交流。"

孩子和爸爸一起玩的时候，感到喜悦。妈妈喜欢用语言进行游戏，爸爸会不时地要活动。妈妈的游戏节奏变化不大，而爸爸的游戏则有不可预测的变化。所以，孩子会有两种不同的体验。

韩国的爸爸想多和孩子一起玩，可是实际上，相比北欧国家的爸爸，韩国爸爸与孩子相处的时间却很少。在一次设问调查中，当被问到"育儿中遇到的苦恼和问题是什么"时，大多数爸爸回答的不是孩子的安全或时间的不足，而是担心教育经费问题，这说明我们国家的育儿存在理想与现实的差距。

尽管现实情况如此，可是鼓舞人心的是，每天和孩子玩10分钟的爸爸和思考着当好爸爸的人不断增多。这是因为，他们不在乎周围的环境和社会的认识，把孩子的幸福放在了首要位置。

# 用爸爸的方式建立情感纽带

据说，和孩子对话或教训孩子的时候，爸爸比妈妈更具有逻辑性。因为，妈妈通常会感性地对待事物，爸爸倾向于从客观的角度看待问题，这使爸爸的逻辑思维发达，也擅长数学。所以，爸爸应该发挥自己的优势和特点，在育儿方面起到核心作用。

首先，实施爸爸式教育最重要的是，进行有助于提高孩子创造力的对话。牛津大学家庭教育研究所的调查显示，创造力发达的孩子和爸爸对话的时间比较长。爸爸的教育影响孩子的创造力，并且从小和爸爸有亲密关系的孩子，很少感到冷落感，患忧郁症的概率也小。专家们强调，爸爸们应该每天坚持和孩子对话，为此建议爸爸们培养每天至少要和孩子独处一段时间的习惯。郑有盛教授说，**重要的不是和孩子在一起的时间有多少，而是定期地和孩子一起做些什么。**

"重要的不是爸爸和孩子在一起的时间有多少，而是定期地和孩子做些什么。如果爸爸觉得和孩子在一起的时间有限，可以和孩子一起洗澡、接送孩子上学等，可以有很多种方法。"

要从给孩子洗漱、穿衣服、喂饭吃等事情中，选一件事情来做，相信很多爸爸都会有时间。通过定期地与孩子接触，可以增进彼此的信赖，而且还会让孩子认识到，"这是与爸爸特有的空间，是和爸爸一起做的事情"。日常生活中，哪怕有一点点时间也要挤出来和孩子独处，让孩子感受与爸爸独处的时光。

爸爸的行为、习惯和言语等，都会影响孩子的性格。有一天，我突然在自己身上看到了父母的生活习惯和行为，我自己有些不知所措了。孩子也一样，他会记住爸爸的一言一行。所以，如果想给孩子留下好的印象和记忆，希望孩子成为情绪稳定的人的话，那就需要爸爸多跟孩子沟通并给予孩子信赖感。

爸爸式教育中最重要的是，对孩子无限的关心、夸奖和鼓励。得到父母信赖和关心的孩子，将来才有可能成为懂得关心他人的人。爸爸不应该把自己的想法强加给孩子，而应该聆听孩子的想法，信赖孩子，教育孩子如何与他人建立稳定的人际关系。虽说如此，爸爸并不应该盲目地听从孩子的意见，而应该互相尊重，准确掌握孩子的心理，达成共识。爸爸努力去理解孩子的心理，经常询问孩子的意见，一起讨论，让孩子形成积极的自我，这比什么都重要。

爸爸应该经常和孩子一起出去。在家里和孩子一起玩固然很重要，但是没有什么活动比户外活动更能促进沟通的。爸爸应该知道孩子的兴趣爱好，积极参与孩子的活动。出去玩的时候，和孩子两个人出去也可以，能够一家人一起出去效果会更好，因为家庭氛围对孩子成长有很大的影响。爸爸可以事先研究和孩子去哪里，然后调查，做计划。如果去不了远的地方，可以去家附近的公园或游乐场。就这样，要让孩子知道，爸爸是孩子随时都可以依偎的宽厚的肩膀。

# 与爸爸的亲密度关系孩子的行为趋向

孩子与爸爸的亲密度对孩子的成长有怎样的影响呢?

制作组以水原某小学五年级80名学生为调查对象,对他们进行了设问调查。调查的内容是,他们与爸爸的感情纽带和亲密度。制作组向学生们询问了他们与爸爸的关系。

调查结果显示,与爸爸的亲密度高于平均数的学生占总数的54%,平均数以下的学生占总数的38%,总的来说和爸爸关系好的孩子居多。

进行这次设问调查的汉森大学康复学教授李京淑是这样说的:

"和爸爸关系好的孩子,很少出现行为异常或情绪问题,而且与同龄人的关系很好,整体上社会性良好。"

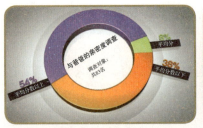

在与爸爸的亲密度设问调查中,54%的学生亲密度比平均分数高。

而且,观察与爸爸亲密度高的孩子的行为特点我们能够发现,他们对每件事情都很积极，与朋友的关系良好，喜欢带头做事，善于理解他人。

调查结果显示，世贞属于与爸爸亲密度偏高的5%的人群。去年，世贞的爸爸金福日加入了孩子学校的父亲会，并且积极参与学校的大大小小的活动，因此还得了奖状。

接下来我们来看一下这对父女的故事。爸爸一回到家就亲一下世贞，然后拿出奖状给女儿看。世贞在家里时更多地会找爸爸。只要是女儿的事情，爸爸都会积极地参与，所以对于世贞来说，金福日是当之不愧的"好爸爸"。

> "'爸爸回到家就睡觉，喝咖啡，看电视。'我听同学们说有这样的爸爸，感到很惊讶。你们的爸爸是这样的吗？我的爸爸从来不这样，和别的爸爸不一样，他和我一起玩、一起吃，好几次还背着妈妈偷偷给我买鸡块，所以我觉得我的爸爸是好爸爸。"
>
> ——女儿 金世贞

世贞和爸爸之间形成的情感纽带有怎样的特点呢？我们进行了更深层次的心理测试。我们做了一项看图说话的场景感性测试并让孩子和爸爸玩游戏。

爸爸和世贞来到了游戏实验房间里，爸爸一边玩着拼块游戏，一边跟世贞说话，总能唤起世贞的回忆。

爸爸：世贞想做什么？

世贞：我想做一个动物园。

爸爸：是啊，我们去过好几个动物园。

世贞：我想做能摸的动物园。

爸爸：要做能摸的动物园吗？那时候我们去动物园的时候，大门有什么？

世贞：公交车，观看动物的公交车。

爸爸：世贞来做正门，做得漂亮一些，就像在咖啡馆里做的城堡一样。记得吗？

世贞：嗯。

爸爸：做那个就可以。

　　"很多爸爸和孩子玩的时候，只会专注现在玩的游戏，不会提及曾经一起玩过的事情。可是世贞的爸爸一看到玩具就和世贞说那时候他们去过的地方，曾经那个动物园，一起开心玩的经历等，不停地和世贞说着，唤起孩子的回忆，这样就进一步打开了孩子的思路。"

李京淑教授说，像金福日这样对待游戏的态度非常好。整个游戏过程里，世贞和爸爸互相交流想法，努力要理解对方。

世贞：不符合爸爸的标准吗？

爸爸：不是的，爸爸哪有什么标准啊。

世贞：好了，正门做好了。这是正门，那是街道。

父女两人把记忆中的动物园，用拼块给做出来了。这是充满了爸爸和世贞的记忆、关心、爱护的出色的作品。李教授说，因为有了和爸爸的情感纽带，所以才会有世贞良好的行为特点。

"世贞说了这么一句话。这个课题对爸爸来说是不是太简单了？这代表世贞先站在爸爸的立场想问题。孩子的这种行为非常好。"

接下来是看图说话的感性测试。给孩子看一幅日常生活里经常能看到的场景，并让孩子说明。

教授：这幅画里发生了什么事呢？

世贞：孩子失误把花瓶砸碎了，可是爸爸没有教训孩子说"你为什么把花瓶弄碎了，怎么不小心点"，只是说"不要这样"。可是孩子好像有点受惊了，没有仔细听爸爸说什么。

教授：那么，这幅画里又是发生什么事了呢？

世贞：孩子在学校觉得头疼，所以早退回家了。爸爸下班回家以后问孩子："感觉怎么样？"

"孩子有一个特点，那就是自己处在矛盾状态的时候，爸爸会出现，安慰或理解世贞，世贞被妈妈责骂的时候，爸爸会替世贞辩解。"

李教授说，因为世贞和爸爸的亲密度高，所以孩子看到这些画的时候，会显得很淡定。那么，看同样的画，别的孩子有什么样的反应呢？

和爸爸亲密度高的孩子，看到同样的画以后也会呈现积极的思考方式，而和爸爸亲密度低的孩子，会感到不安，出现消极的反应。

孩子们看图后的回答，根据与爸爸的亲密度分为两组。

174

爸爸和世贞在进一步的测试中也表现出了稳定的亲密度。可能是爸爸的所有注意力和关心都集中在了世贞身上，所以孩子遇事也表现出很积极的反应，并且相信自己能力的自我效能感也很高。

# 通过与爸爸的亲密度改变孩子

接下来我们以世贞和爸爸的实验结果为基础，进一步具体地分析一下与爸爸的亲密度如何影响孩子这个实验。

设问调查结果显示，整体上与爸爸亲密度高的孩子超过了50%，这说明现在和以前相比，孩子和爸爸的关系改善了许多。

通常小学五年级的孩子会处在叛逆期。从亲密度研究的角度来说，这时是孩子与父母的亲密度略微降低的时候，因为这时候相比较于父母而言，是孩子们开始和同龄人增强关系的时候。

实验显示，与爸爸亲密度高的孩子，很少出现过激的行为或言语，而且与同龄人的关系好，情绪稳定，社会性也好。相反，与爸爸的关系不理想或亲密度不高，孩子会出现言行失轨，缺乏社会性，情绪容易失控等问题。虽然研究对象只是一小部分孩子，但是与爸爸亲密度高的孩子占多数的结果，令研究小组感到很惊奇。对此，李京淑教授是这么说的：

"以往研究孩子与爸爸的亲密度的实验，在世界上比较少见。因为所谓亲子关系主要指孩子与主要养育者即妈妈的情感关系，而且亲子关系研究大多是研究孩子与妈妈的情感关系。研究与爸爸关系的并不多，而且总是排在妈妈之后。妈妈的育儿主导作用主要体现在照顾孩子的生活，而父爱主要体现在和孩子一起玩、帮助孩子探索世界等方面。"

过去，亲子关系的研究实验里，通常的做法是把孩子放到陌生的环境中，然后分开孩子与妈妈，以此测定孩子与妈妈的亲密度。但是，用同样的方法，却检测不了孩子与爸爸的亲密度。所以，最近测定孩子与爸爸亲密度的实验是在游戏的空间里进行的。游戏过程里父子关系特点可分为稳定型亲密和非稳定型亲密。

那么，孩子与爸爸的亲密度排在了妈妈之后，除了说明妈妈是主要养育者以外，是否还说明爸爸的重要性和爸爸对孩子的关心程度不够呢？

所谓亲密指的是，人类自出生以来为了生存，在一定时期与身边的某个成人建立的情感纽带。人类出生以后本能地与身边某个成人建立关系才能生存下去。在世界上任何国家，关心照顾刚出生的小孩的第一个人都是妈妈。其中，妈妈给予孩子的是，能够让小孩生存的母爱，这与保护和养育息息相关；而爸爸给予孩子的是，帮助孩子探索世界和解决其在社会中遇到的问题。所以，妈妈和爸爸从根本上说，与孩子形成情感关系的过程、时机、方式、影响力都不一样。

李教授说，韩国至今还没有爸爸和孩子的情感关系与孩子学习成绩的关系的研究。因为，这种主题需要根据时间进行"纵向研究"，要对孩子一生发展趋势反复地观察。国外有一项研究是，观察孩子小时候到16岁期间与爸爸的情感关系，以此研究孩子成长过程中父爱如何影响孩子的学习成绩。研究结果，同样是与爸爸的情感关系好的孩子一般学习也比较好，社会性和解决问题能力优秀，特别是他们小的时候很少出现情绪问题或行为问题。

情感是可以通过后天环境改变的。孩子越小，情感也越容易改变，所以爸爸们应该尽早努力。研究显示，父母可以努力培养与孩子的情感。在前面的例子中，爸爸金福日能够在日常生活中努力表达对孩子的关爱，结果爸爸和孩子的关系从不稳定的情感关系转为了稳定的情感关系。

这次，我们来看一下青少年时期的子女和父母的情感关系研究报告。韩国的一项研究报告（李尚熙.父爱给中学生带来的自我效能感及对孩子适应学校生活的影响.全南大学教育学院，2011）显示，青少年时期，孩子处在身体、心理、社会环境的急剧变化中，这时如果和爸爸有良好的沟通，孩子就不会感到被冷落和孤独，即和爸爸有良好的情感纽带关系，对孩子将来的自我效能感会有积极的影响。自我效能感指的是相信用自己的方式能够成功解决特定的问题。自我效能感越高，做事就会越专注，更具有持续性，从而提高成功率，其结果是带来更多的自我肯定。自我效能感是比自信心更高层次的心理意识。

而且，与爸爸稳定的情感关系也会影响孩子对学校生活的适应能力。与爸爸关系好的孩子在应付学校生活的压力时，通过付出心理和行为上的努力，可以合理有效地解决自己的欲望，从而能够更好地适应学校环境，其结果是孩子能够得到满足感，并且可以和同学们友好相处。

就这样，如果青少年时期能够顺利地度过与爸爸情感关系的不稳定阶段，这将对孩子自我意识的形成具有积极的影响。

# 3

## 因材施教的好爸爸

# 把女儿培养成自立的人

爸爸积极参与育儿，会给儿子或女儿的成长带来不同的影响。爸爸养育女儿或儿子的时候应该用怎样的不同方式，孩子们又会受到怎样的影响呢？让我们首先来看一下养育女儿的情况吧。

英国BBC纪录片《父亲的生物学意义》（Biology of Dads）中介绍了很有趣的内容。

节目中，主持人让一些已婚女性拿来爸爸年轻时的照片和自己丈夫的照片，然后让另外的女性猜丈人和女婿，结果很多人都猜中了。

英国杜伦大学琳达·布丝罗伊德（Lynda Boothroyd）博士说，爸爸和女儿的关系，会对日后女儿的择偶有很大的影响。罗斯·D.帕克教授在《爸爸才能给的东西》一书中指出，女儿与爸爸的关系相比与妈妈的关系，更加影响她们在青少年时期和成人时期的异性关系。女儿成长过程中，如果总是出现异性问题，究其原因，我们就会发现这与小的时候爸爸不关心女儿，爸爸没有参与育儿或爸爸太过严厉有关。

爸爸是女儿经历的第一个异性。从小和爸爸建立良好关系的女儿，才能在社会中建立灵活的人际关系。可是爸爸和女儿的关系又不像爸爸和儿子的关系一样随意。因为，爸爸和儿子可以用身体碰撞玩游戏，和女儿玩的则是相对静态的游戏。肌肤接触也是一个好的方法，可是肌肤接触应该从小开始，让孩子习惯，所以爸爸应该从小开始适当地根据情况接近女儿，建立友好的关系。孩子小的时候，多关心孩子，多和孩子玩，孩子青春期的时候才能继续和爸爸保持友好的关系，所以爸爸应该多和女儿在一起。同时父母应该培养和孩子交换观点、面对面对话的习惯。

**如果想把女儿培养成不受传统性别观念局限，具有独立性、社会性的能够独当一面的人，那么爸爸的关爱必不可少。**和爸爸关系好的女儿，自我评价都很高。实际上，很多阿尔法女孩（许多方面的能力和表现都在同龄男性之上的年轻女性）一致认为，因为有了爸爸的关心和鼓励才有了今天的自己。这说明，爸爸无性别差别地对待孩子很重要。因此，想要把女儿培养成堂堂正正的人，爸爸的作用非常重要。

哈佛大学儿童心理学教授丹尼尔·金德伦（Daniel Kindlon）在《新女性的诞生——阿尔法女孩》一书中，第一次定义了"阿尔法女孩"。在书中他还强调了，阿尔法女孩现象中爸爸的重要性，并且称之为"爸爸的因素（Father Factor）"。

阿尔法女孩和非阿尔法女孩的最大的差异之一是，爸爸与女儿的关系。受欢迎的阿尔法女孩四人中有三人回答说，和爸爸的关系很好，经常和爸爸交流。并且，爸爸帮助她们学习传统意义上属于男人领域的知识或活动，如科技、电脑、运动等，并且拓宽她们的社会认识，使她们在社会上不输给男人，发挥领导作用。

爸爸给予的教育是男人性质的教育。即与爸爸的互动关系中，爸爸可以培养女儿的逻辑思维能力和理性判断能力。相反，如果没有爸爸的关爱，孩子的数理化学习能力就会差一些，成功欲望也不会那么强烈。这说明，小时候女儿得到爸爸的认可和信赖，对女儿的学习也有很大的影响。

爸爸不像妈妈那样，容易与女儿形成共感，但是21世纪的爸爸们想要和子女沟通，那么如何才能和女儿形成共感呢？

爸爸要和孩子有独处的时间。通过这种独处，才能制造只和女儿才有的秘密，进行只有两个人的对话。这时候，肌肤接触和感情表达很重要，特别是孩子小的时候，给孩子按摩等行为可以很快地拉近两个人的关系。

如果爸爸不能经常和孩子在一起，那么可以和孩子用短信随时联系，定期发电子邮件交流。

爸爸最好是和孩子一起培养一个共同的兴趣爱好，选择孩子喜欢做的会更好。父子间有共同的爱好，孩子才会对爸爸产生更多好感。不但如此，爸爸至少应该知道女儿最好朋友的名字。爸爸要努力成为和女儿能够分享生活琐事的人。

爸爸应该培养孩子的冒险精神，让孩子玩各种游戏和玩具，降低孩子的依赖性，并且经常唤起孩子的挑战精神。

另外，爸爸应该摒弃传统的观念。爸爸应该改变"女儿终归是女儿"的想法，因为女儿将要面对的社会不是女人不能工作、女人不可以成功的时代。爸爸应该成为无限爱护和关心女儿的值得信赖的爸爸。

最后，爸爸应该让女儿心怀梦想。让女儿心怀远大理想，对女儿表示无限的期待，并且帮助女儿自主地设计人生的宏伟蓝图。

女儿成长过程中，自信心、独立性、自律性的培养，都离不开爸爸的关心和鼓励。

# 缺少父爱的女儿会暴食吗

有一项很有趣的研究证明了爸爸的爱对子女有多么重要。其实，开始这项调查的时候，专家们的目的是研究小时候父母特别是妈妈的拒绝对孩子暴食症产生的某种心理影响。

美国俄勒冈林恩县精神健康服务中心心理学家多米尼（N.L.Dominy）曾经对女性暴食症患者进行了调查研究。他把研究对象分为，既肥胖又有暴食症群体32人，肥胖群体51人，标准体重群体30人。他的划分依据是，体重（千克）除以身高（米）后平方得出的数值，大于28则属于肥胖，低于25属于标准体重。

研究小组为了了解她们小时候与父母的关系，从"温暖""敌对""放任""拒绝"四个层面调查了父母的育儿态度。同时还调查了这些女性是否有抑郁情绪，以及对生活是否满足等。

研究结果显示，有暴食症的女性群体比没有暴食症的女性更多地受到了父母的拒绝，但是令人奇怪的是，这个拒绝不是来自妈妈，而是来自爸爸。

有时候我们会说一些不着边际的话："光吃饭能活吗？""只是有爱就能活吗？"但是生活中缺乏爱的女孩子，往往会用食物来补充这个空缺。这项研究中还显示，女性暴食症群体对生活的满意度低，抑郁的程度也更高。因为，她们经常用食物来麻痹自己的内心感受。

如果父母希望女儿漂亮、健康，那么请爸爸尽情地表达对女儿的关爱吧。这比任何东西都有效。

[参考]

姜贤石.让孩子幸福的爸爸的育儿.知音，2011.

# 把儿子培养成男子汉

爸爸是儿子的榜样。那么，在儿子的成长过程中，爸爸应该扮演怎样的角色呢?

爸爸对儿子的人格定型有很大的影响。儿子自接触爸爸开始，学习爸爸的思考方式、态度和爸爸在家中的样子，从而逐渐形成自己的人格。

罗斯·D.帕克教授说，爸爸在家庭中拥有决定权，占主导地位，主动担当子女教育，对男孩子拥有典型的男性特点有很重要的意义。

如果爸爸希望自己的儿子成为出色的男子汉，那么首先应该和孩子亲近。虽然有很多种亲近的方法，可是最好的方法莫过于和孩子一起玩。男孩子比较喜欢强烈刺激的游戏，所以对爸爸的肌肤接触总会有积极的反应。这就是爸爸式肌肤接触对男孩子更有效的原因。和爸爸一起玩动作幅度大并且有挑战性的游戏，会让孩子与爸爸形成男人对男人的情感纽带。爸爸和儿子一起玩妈妈不喜欢的机器人组装、耍大刀，甚至是"打架"游戏、一起去公共澡堂洗澡等，对儿子来说也是很重要的经历。通过这些，孩子会感受与妈妈不一样的、只有和爸爸才能有的特别的感情，并且形成男人间的情感纽带。

金英勋博士在《妈妈所不知道的爸爸的作用》一书中指出，和孩子亲近之前，首先应该展现正直的爸爸形象。就是说，让孩子们看到爸爸的领导作用，尊重妻子和家人，适当分担家务等。爸爸是儿子生活的榜样，并且应该是社会活动中出色地完成任务的男人。让儿子多观察爸爸，模仿爸爸可以培养他自行解决问题的能力。

爸爸还应该教儿子男子汉气概。在这里不只是教"坚强"的男子汉气概，还要教男孩怎样表达情感、怎样与他人相处。

为了培养所谓的男人气概，父母往往不会和孩子有亲密的肌肤接触，也不让孩子哭，强制孩子变得坚强。可是未来的社会是感性社会，在感性社会里让孩子只是固执男性特性势必不会成功，应该让儿子知道，男人也会受伤，男人也可以哭。

爸爸们小时候接受的教育是男人应该有男子汉气概，应该抑制自己的感情。爸爸们想把这种观点灌输给自己的儿子。并且认为男人就应该坚强，这样才能在竞争中生存下来。殊不知"男人一生只能哭三次"这句话是多么可笑，简直就是压迫男人。抑制感情不仅会让人强忍悲痛，而且也会抑制喜悦、爱情等感情的表达。善于表达感情，才能感动别人。爸爸们不应该把孩子禁锢在传统观念的性别角色中，而应该把儿子培养成与时俱进、顺应时代要求的人。当然，首先要思考儿子真正喜欢的是什么。

爸爸应该做些什么呢？爸爸应该经常让儿子看到自己坦诚地表达感情的样子，并且教儿子表达感情的方法。爸爸坦率的感情表达，能够让儿子学习坦然面对自己感情和表达感情的方法，进而培养儿子读懂别人感情的能力和共感的能力。

虽然是儿子，但是与父母的肌肤接触同样重要。通过肌肤接触，可以减少孩子的攻击性，丰富孩子的感情。

青春期的男孩子最叛逆。因为这时候孩子的自我意识最为强烈，而又觉得周围没有人能够真正理解自己。所以，这时候爸爸应该多和孩子沟通，教孩子排解负面情绪的方法。

另外，爸爸应该多给孩子一些生活的经历，向孩子展现不一样的世界，让孩子通过体验生活变得更具挑战意识，刺激其好胜心。如经常带孩子去旅游等，即使没有时间，也要做好计划挤出时间。

如果说女儿是看着妈妈成为女性的，那么儿子则是看着爸爸成为男性的。对儿子来说，**爸爸是特别的存在。因为爸爸就是儿子的榜样**。所以，信赖孩子很重要，爸爸向儿子表明"我信任你"的时候，儿子才能成为真正的男人。

## 和叛逆期子女相处的方法

前面提到金福日对女儿的关爱度很高。可是，爸爸金福日现在也面临了危机，因为女儿进入了青春期。福日有自己的育儿方法，他非常注重和女儿的沟通。

和女儿的沟通方法1
总是敞开心怀聆听女儿讲述

和女儿的沟通方法2
经常单独和女儿在一起

和女儿的沟通方法3
积极参与女儿学校的生活

对女儿的关爱度很高的爸爸，为了和女儿有效地沟通，制定了三种原则。可是爸爸的育儿原则也要根据孩子的成长阶段而改变。

第一，总是敞开心怀聆听女儿讲述。

第二，经常单独和女儿在一起。

第三，积极参与女儿学校的生活。

福日努力坚持遵守这三个原则。他想自己的这种努力会让女儿感动。但是，悄悄到来的女儿的青春期，让父女间的关系变得疏远了。

特别是，福日接到去地方工作的调令后，在工作日只能和家人分开住了，所以他更加感到不安。有句话说，身体的距离会拉开心理的距离。他在外地给家里打电话的时候，女儿接电话的态度好像并不热情。所以，原本打算只在周末时回家的他，现在除了周末平日也要回来几次。他觉得，看到家人才能让他放心。即便爸爸这样煞费苦心地赶回家，女儿好像一点儿也不在乎爸爸的用心，跟爸爸说了声和同学有约会就出去了。爸爸想，难道女儿的青春期这么快就到来了吗？

"不知道孩子之前发生了什么不愉快的事情，很难猜得出来了，越来越不好琢磨，也不能一味地迎合她……"

——爸爸 金福日

"有时候觉得爸爸好，有时候觉得不好。有时候觉得爸爸在旁边啰啰唆唆的很烦，总说一些我知道的事情，所以有点儿烦。如果说一些我不知道的事情，那样会好一些。"

——女儿 金世贞

参加聚会的福日向其他爸爸们诉说自己的苦恼。因为孩子的年龄差不多，大家的苦恼都差不多，所以爸爸们开始七嘴八舌聊起来了。

"孩子总是发脾气，和以前感觉完全不一样。他也不爱笑了，可能这个时期就是这样吧。"

"据说，上中学就会好，只要过了这个时期就好。"

"孩子看起来像火星人，而不是地球人……不管怎样，我还是要包容他。"

"我的大女儿已经小学六年级了，可是偶尔在家还会锁上自己房间的门，有一次我像以前一样直接拿钥匙开了门，她却突然冲我发火，当时我吓了一跳。"

"知道爸爸们为什么要去爬山吗？只是待在家里的话孩子们嫌烦，所以我们才出去。"

"我想在家里看电视或想悠闲地喝点酒，可是妻子说这样对孩子不好，让我出去。"

听到大家的话，他觉得烦恼变得更多了。他思索着如何找出与成长变化中的世贞的关系的突破口。不管怎样，他想首先更应该努力理解孩子。最近，突然长大的世贞不再是小孩子了。她开始在意自己的外貌，行为举止更女性化，所关心的也都是女孩子喜欢的。这些让爸爸感到有些不知所措，可是他要努力更自然地与女儿相处。

"和孩子玩的时候，不能盲目地玩，应该以某种方式进行。想要和孩子自然地拉近关系，需要思考与孩子的相处方式。这种方式不去学习是不会知道的。"

——爸爸 金福日

爸爸要理解女儿并不是容易的事情，可是他尽可能努力地想要和女儿建立自然和谐的关系。

金福日在孩子很小的时候就和女儿建立了良好的情感关系，因此自认为比任何人都更了解女儿。可是，总是跟在爸爸后面的女儿，如今长大了，更喜欢和朋友们在一起，有时候好像嫌弃爸爸，所以福日有些伤感。但是，他认为这都是孩子自然的成长过程，自己应该努力建立与女儿不同成长阶段相适应的关系。他觉得要尽量理解女儿，他还决心帮助女儿顺利地度过青春期。

虽然孩子爱发脾气，行为有些偏颇，可是爸爸相信，女儿会找回原来的自己，所以他要耐心等待。这期间，他打算不断地向女儿示好。

父母应该敞开心怀，通过更多的关心来帮助孩子度过青春期。如果父母同孩子一样，在孩子青春期觉得承受了压力，因而责骂孩子，会给孩子的心理造成很大伤害，请给孩子们一些缓冲的时间吧。

## 所有的爸爸们请和孩子交流吧

星期天的早晨，爸爸提议和世贞一起去野营。以前爸爸和世贞两个人经常去野营，所以他们对野外的生活很熟悉。最近，孩子进入青春期以后，他们去野营的次数也少了。可是，爸爸为什么只想和女儿两个人一起去呢？他告诉我们促使他去野营的原因，世贞6岁那年曾和妈妈一起去欧洲旅行，那时孩子说不喜欢和爸爸在一起，他知道后很受打击。所以，从那时候开始他为了改善和女儿的关系，计划着和女儿两个人的野营。为此他也付出了很多努力。为了建立与女儿的共感，他经常告诉自己"世贞说过这样的话""世贞喜欢我这样做"，等等。他给我们展示的是，爸爸高超的育儿技巧和不懈的努力，因为很多爸爸经常是还没有听完孩子的话，就忙着找解决方案去了。

可是，计划好的出游却不凑巧碰上了阴天，世贞的表情也变成了阴天。爸爸递给世贞喜欢吃的烤肉想哄孩子开心。

"真的好久没来野营了。我们有几个月没来了？"

"都有一年了。"

"怎么样，肉熟了吧？有意思吗？"

好久没有带女儿出来玩，所以爸爸觉得有些惭愧。爸爸想用好吃的哄女儿开心，也跟她讲一些笑话，以前爸爸也是这样努力地和孩子相处的……即便爸爸使出浑身解数，可是好像都没有什么效果。

"现在，我觉得最难的就是读懂孩子的心，互相产生共感。反正我觉得，现在生疏的感觉马上就会好的。世贞也会努力，我也会努力的。"

——爸爸 金福日

经过几年的只有两个人的野营活动，爸爸和世贞的关系变得更亲密了，而现在爸爸可能需要探索新的办法。但是唯一不变的是，爸爸想要拉近与女儿距离的努力。

随着孩子的成长，父母会改变和孩子相处的方法，可是不变的是拉近与孩子距离的爸爸的努力。

郑有盛教授说，好爸爸的基础是有接纳的胸怀。他还强调，父母应该和孩子一起成长，站在同一条起跑线上，经常和孩子沟通，不管什么事情都要和孩子交流。应该让孩子明白，自己是孩子的聆听者，是和孩子站在一起的朋友。就是说，倾听是子女教育中一个很重要的因素。

父母要考虑的另一个重要问题是，坚持一贯性。现代家庭中有很多严母慈父，妈妈比爸爸更严厉。一般妈妈教训孩子时，爸爸会在一旁劝导孩子。孩子们在截然不同的两种育儿方式下成长。可是，如果一向慈爱的爸爸突然改变态度，孩子们就会觉得爸爸很虚伪。当孩子们对爸爸矛盾的行为表示怀疑时，爸爸就应该认识到错误，向孩子们道歉。"爸爸很努力了，可是好像不尽如人意啊"，就这样如实地向孩子们告白。父母对孩子的教育行为不应该表现得反复无常，要经常和孩子们沟通，坚持一贯的教养态度。

如今不能再用过去的方式和孩子们沟通了。因为时代已经不同了。郑教授说，现在的孩子都是"新的人种"。虽然不可能有完美的沟通，但是一开始就认识到沟通会有中断或不尽如人意之处，这就已经说明是很好的沟通了。父母应该认识到，孩子有他自己的沟通方法、方式，为了能够回应孩子的沟通，父母应该随时准备着。父母的这种态度比什么都重要。

父母应该用学习的态度和孩子沟通。虽然觉得孩子们听的音乐像是噪音，但是首先应该和孩子一起听，表示愿意了解，然后也可以给孩子推荐自己喜欢的音乐。

2011年，女性家族部发表了一份报告——《爸爸履行父亲责任与子女发展特性关联性的荟萃分析》。报告指出，爸爸充分履行责任的儿童及青少年，更有可能具有肯定的内在和外在发展特性。

这份报告是对2006—2010年间的国内外学术期刊刊载的有关"爸爸履行父亲责任与子女的发展特性"关联性的研究，荟萃分析

（荟萃分析：用统计学方法，统计综合同样或类似的研究主题的文献研究）得出的结果。这里的"爸爸履行父亲责任"指的是爸爸对子女的关心，以及爸爸为了谋求子女的幸福所做的行为。在这份报告中，子女的发展特性被分为内在发展特性和外在发展特性两种。那么，我们具体来看一下研究结果吧。

爸爸充分履行父亲责任的孩子，具有更高层次的积极的内在发展特性（如有很强的自尊心、意志坚强等）和低层次的负面内在发展特性（如忧郁、自卑等）的可能性较高。同时，具有更高层次的积极的外在发展特性（如能够更快地适应学校生活等）和低层次的负面外在发展特性（如出现问题行为等）。

上面的结果表明，爸爸能不能尽到责任，对孩子的发展特性具有重要的影响。即便如此，现实生活中很多爸爸都忙于工作，不能好好地履行父亲职责。在韩国，有必要开设爸爸课堂。爸爸们在课堂上学习怎样当爸爸。

父母不应该只是教训孩子，而应该让孩子明白父母是他们人生中的朋友、同伴，尤其的是要孩子知道爸爸永远是他的避风港湾。

大部分男人认为，孩子出生的那一刻自己也就当上了爸爸。不过同时，他们也清楚，其实自己并没有完全地成为父亲，成为父亲的过程是辛苦、艰难的。

现在的爸爸们已经很努力了，但似乎仍不能算得上是"好爸爸"。那么，他们还需要些什么呢？

第一，要成为善于表达的爸爸。告诉家人，自己多么爱家人，多么信任家人，而且为了家人自己有多么努力。坦诚地表达自己的感情是爸爸对家人要做的第一件事情。

第二，和家人积累更多美好的回忆。虽然爸爸和子女们在一起的时间不多，可是和爸爸有愉快经历的孩子才会更幸福。爸爸应该成为让家人幸福，进而也让自己幸福的爸爸。

第三，爸爸应该成为孩子的榜样。"我也想成为像爸爸一样的人"，如果爸爸能够听到这样的话，肯定会感到很兴奋、很激动。爸爸应该努力做到让孩子说出这样的话，并且要相信自己能做到。瑞典的爸爸们能够很自豪地说出"我是一百分的爸爸"，韩国爸爸们也应该用这种积极的态度生活，那么孩子也会自然地向爸爸学习。

第四，加大好的影响。对孩子好的影响要加大，不好的影响要消除。要让孩子明白，人生的道路上，永远有一个老爸在守护着他。

第五，家人需要的时候，总能在身边。在家庭里没有人能取代爸爸。而且，有时候妻子和孩子都很需要爸爸，爸爸不能错过这个时机。

第六，无条件地爱家人。接受家人原有的样子，让家人知道在家庭里最重要的是信赖。为此，爸爸应该首先尊重妻子和孩子，珍惜他们的选择和人生。放弃自己是最厉害的家长的身份，表现出以身作则的领导作用。

以下是不同国家的爸爸们嘴里说的"好爸爸"，这里我们选取了几个代表性的说法。

"好爸爸是真正关心孩子的爸爸，好爸爸应该真正关心孩子在想什么、是怎么生活的。"

——瑞典

"帮助孩子实现梦想的是好爸爸。"

——日本

"在孩子身边守护孩子成长的爸爸是好爸爸。"

——韩国

那么，到底怎样的爸爸才是好爸爸呢？爸爸们扪心自问，也许就能够找出答案。

"好爸爸"这个称呼听起来很好听，但是这里面包含有爸爸无数次的沟通尝试、无数次遭遇育儿瓶颈时的迎头前进、无数次辛勤工作后的挥汗如雨。当家人肯定了爸爸的这种努力时，好爸爸的称呼才得以兑现。

第四章

# 男人和爸爸

"请不要说'养'孩子，因为这是人们单方面地'养'小狗或花草时使用的词语。如今的社会是变化莫测的信息时代，如果只是父母单方面地养育孩子，又何谈和孩子共同成长呢？我想说的是：和孩子沟通，同孩子互动，与孩子一道进步，这才是父母应该扮演的角色。"

# 1

## 对"父性之城"的考察

# 寻找内心的"我"

男人出生以后，成长为少年、青年、丈夫、爸爸，不断寻找着新的自我。成为爸爸的男人看着一天天长大的孩子，发现自己在慢慢老去。随着时间的流逝，刚开始当爸爸的激动和期待会渐渐消失。"我"是谁？"我"在哪里？"我"是好爸爸吗？"我"过得好吗？就这样，成为爸爸的男人们渴望探索真正的"我"。

EBS最佳纪录片《父性之城》就是从这一角度出发制作的。这个名字有两层含义：父爱、男人的城池。我们一开始就没有想得到什么正确答案。因为，关于"爸爸作用"的问题，需要每个人在自己角色范围里努力寻找答案。制作组想记录爸爸作为一个人、一个男人、一个父亲所承受的诸多苦恼及其成长过程。同时也想告诉大家，如今的社会处在对"爸爸"的关注度越来越高的变革的时代。

现代社会的爸爸，并不是一个容易扮演的角色。过度劳累、各种压力、对未来的担忧、与家人对话的断绝、对父母的歉疚感、工作中的人际关系、各种疾病、子女课外教育开支、世界最高的自杀率、高离婚率、孤独，这些爸爸可能会面临的问题，让爸爸们不堪重负，甚至开始怀疑人生。爸爸们带着人类最本质的问题"我是谁"，追问着自身存在的意义。

精神分析学家卡尔·古斯塔夫·琼（Carl Gustav Jung）说，中年是"人生的正午"。这时候的他们对自己原来的样子、人生的意义的认识最强烈。当男人组建家庭，生儿育女，一定程度上达成目标的时候，他们回顾自己的内心时发现，理想与现实背离，所以想找回真正的自己。有些学者认为，这是一种由激素引起的现象。男人步入中年以后，分泌旺盛的男性激素睾丸素逐渐减少，女性雌激素增加，所以爸爸们变得感性了。

今天的四五十岁的人曾经经历过韩国高速发展的经济，国际货币危机导致的企业重组和结构调整的严峻境况。二三十岁的人是看着这样的爸爸、叔叔和哥哥们长大的。他们感受的危机意识和认识都是对一直辛苦奔波的人生的怀疑。因为，他们看到了，个人不能追求自己生活的品质，而是在无止境的竞争中追赶虚无的假象。他们也认识到，没有人能代替自己的生活，这世上也没有什么坚不可摧的城楼。这是他们对人生的认识发生变化的开始。就这样，他们开始寻找慢慢被遗忘的自己的本质。

就像青少年时期必然要经历叛逆一样，成为爸爸的男人也会有反思自己的时候。也就是说，生活在竞争激烈的时代里，在社会和家庭受到冷落的时候，他们在某一时间猛然看到了自己的内心。这时候，爸爸们请不要犹豫，应该练习观察自己的内心，并努力寻找真正的自己。而且，重要的是应该努力和自己、和他人沟通，寻找情绪上的稳定。这时候爸爸不要逃避，应该接受这个事实，并且回顾自己的生活，如此将会顺利地度过这一时期。就这样，并非是爸爸身份，而是作为一个人，他们开始了对"自己"的探索。这期间他们是在个人与家人之间徘徊，而寻找真正的自己具有很重要的意义。

如果想要寻找自己，那么首先应该和自己妥协。因为不了解自己，也就不能理解他人。抛开对成就和欲望的执着，用谦逊的态度回顾以往。不仅是家庭和工作，从围绕我的所有的一切中退一步出来，认真地审视自己。为了新的生活，该放弃的就该勇敢地放下。

无论是成功的人生还是坎坷的人生，我们都不能说谁的人生更有分量、更有价值。生活本身就是时而赢时而输的过程。而且，也可以说生活并非是输赢的问题。至少对于我来说，我的人生是珍贵的。当我们思考，如何幸福地生活，如何让自己爱着的家人得到幸福，如何享受生活，那么我们将会看到通往前方的一条路。而且，当我为一点点进步而感到满意时，我体验到了人生的价值。就这样，爸爸们通过认识自己，开始理解他人，并且和家人进行新的沟通。

现在我们应该想一下：我所珍惜的，我想做的，我所喜欢的。然后，发现内心的自我。只有了解了自己，才能发现他人的"我"。


# 我是"男人"


自女娲造人以来，地球上便有了男人和女人。一出生我们便在严格的男女区分下长大。对此，我们可能觉得这是天经地义的事。

在韩国，身为男人意味着什么？在一个重男轻女思想和大男子主义根深蒂固的国家，已经习惯了这种传统观念的男人们，要迎接变革的时代，他们必须重新思考"男人"的根源性、人类普遍的价值，还有摆在自己面前的很多课题，并且还会为此感到深深的孤独。

既是儿子，又是爸爸，又是丈夫的"男人"，一出生就要承担一定的人生负担。人是孤独的动物，可是男人的孤独更具有根源性。因为，男人被强加了男子汉气概、艰巨的人生重任等，被本能的框架所套住。他们过分地期待，在工作、婚姻、父母角色上都有出色的表现，结果更多地面对挫折和考验。

总是孤单的他们，曾经是父母的儿子，孩子的爸爸，然而在这片土地上作为一个男人，他们应该寻找他们自己的幸福，寻找男人的真正本质。

《男人的诞生》（全仁权）一书中说，孩子成为大人以后，自己的思考方式和行为，大部分是小时候经历的投射。也就是说，儿时生活直接影响到自我的形成。也许因人而异，可是大致上我们会把在家庭里所看到的男女特性，活用到之后的生活中。作者认识到了自己现在的问题所在，所以想从自己的幼年经历寻找答案。在他的记忆里，通过爸爸和妈妈，他认识到男人和女人两个截然不同的世界，而且也感受到了爸爸和儿子两个男人间的感情。这本书里还提到了"洞穴里的皇帝"，用了些极端的表现手法指出，爸爸应该杀掉专制主义和内心自恋的爸爸，这样才能成长，才能在矛盾的社会集体中生存下来。

不能支配他人却又高高在上的内心的大男子主义，从小在心里形成的偶像形象，这些都是我们应该改变的关于爸爸的男性观念。通过反思和反省自己，我们应该思考成就男人的过程和男人的本质。

"男人"应该抛开曾经被强加的男人气概，认真学习成为男人的方法。曾经我们认为，男人面临任何情况都要迎刃而解，这种观念束缚了男人的一生。所以，当男人不能解决问题的时候，就会沦为"不像男人的男人，没有责任感的失败者"。结果，为了不想成为人生的失败者，男人们不得不带上了假面具，失去了本来的面目。

诚然，一夜之间改变不了一贯的观念和偏见。但是，男人们不能再把自己关进"男人"这一框架里，浪费自己的人生，而应该准备蜕变成另一个"男人"。男人应该从社会的偏见和社会尺度中解脱出来，寻找正确地看待自己、爱护自己健康的男性本质。在这里，工作、家庭、个人生活的均衡关系很重要。首先，把能量发挥到自己身上，这样才能在工作和家庭中有一席之地。总是为别人而生活，那么永远也找不到自己的位置。

男人不能抛弃男人的本质。而男人的本质应该是以自己为中心，自己决定，自我寻找。当男人摆脱社会强加的框架，不浪费时间，用鲜明的爱护自己的想法生活的时候，男人才能成为幸福的爸爸。如果爸爸给子女展现出真正的男人本质，那么也就实现了好爸爸的责任。

"成为爸爸的男人"不应该失去男人的本质，而应该在"男人"和"爸爸"之间摸索塑造自我。成为孩子们的"爸爸"意味着，出现了新的角色。与此同时，这也是男人们在家庭中重新寻找自己的位置和存在的过程。男人通过爸爸这一新角色重新整理自己的生活，那么所谓的成功也将会不请自来。

成为好男人，就是成为好爸爸。而且，只有好爸爸才能成为好男人。男人的幸福是，坚守和发展真正的男人本质。

# "爸爸"的资格

传统意义上，爸爸做到比妈妈更忠实于自己的角色就会得到认可了，爸爸做到维持生计、守护家人安全即可。现代社会中，爸爸的角色并没有发生多少变化。如果有，那就是参与育儿的爸爸越来越多了。这说明，爸爸的作用在扩大，爸爸不再只是一个育儿的旁观者。特别是，爸爸不再局限在妻子与孩子之间的中间人或教训孩子的角色，而是越来越发展成为积极的、主导的育儿者。他们尊重妻子的想法，同时又用自己鲜明的教育方式和目标，与孩子维持和谐的关系。就这样，在新的时代里不断出现与时俱进的努力与孩子沟通的爸爸们。

当然，现在还有很多家庭中存在家人间的沟通不畅、爸爸的地位很低等情况，似乎爸爸只是"只会赚钱养家，不会关心人的人"。所以，爸爸应该努力扶起越来越"坠落的父爱"。爸爸应该积极介入家人的生活，和妻子分担子女的养育工作，并且积极地表达自己的诉求，聆听家人的苦恼等，只有爸爸在家里找到重心，先向家人伸出手的时候，爸爸才能知道家人需要的是什么。

"成为爸爸"是男人一生中最大的变化。通过养育孩子，爸爸成长为一个相比自己的利益，更关注别人愿望的人。看着孩子长大，父母可以反思自己，有时候也能看到自己的不足。通过这些，让自己变得越来越成熟。好爸爸是孩子走入社会之前，培养孩子正确的价值观的人。好爸爸让孩子认识到人生的价值，未来的目标，让孩子明白学习并不是所有。同时，还教给孩子生活的真谛，帮助孩子找到未来的希望。

爸爸自有爸爸存在的意义。孩子们用有别于妈妈的概念接受爸爸。如果说孩子对妈妈的感情是爱，那么对爸爸则是尊敬。如果孩子的心中能够留有爸爸的一席之地，那么这个爸爸就是一个成功的爸爸了。

孩子和爸爸没有建立有效的情感交流，那么，孩子长大以后在人际关系上就会遇到困难。更为严重的是，爸爸和孩子没有感情交流，却又霸道地支配孩子，孩子就会对爸爸的所作所为感到愤怒，反抗爸爸的权威。而且，日后孩子成为爸爸以后，也会对自己的孩子重演同样的悲剧。与此相反，孩子觉得自己受到很多关爱，就会认为自己是很有价值的人，自尊心也会提高。

爸爸的资格与不断的努力成正比。爸爸的所有的出发点应该都是自己的孩子。而且，爸爸应该教给孩子世界上的美好事物，让孩子拥有灵活的思考方式，并且在变化的家人关系中不失领导作用，成为抓住家庭重心的坚实的顶梁柱。爸爸应该努力创造民主、公平、和谐、充满欢乐的家庭氛围。当爸爸自己认识到爸爸角色的这种变化，并且付诸行动时，才能得到家人的尊重和信赖。

同时，大人不能强加给小孩所谓的生活的正确道路。爸爸也很清楚这很难做到，所以应该让孩子自己寻找。爸爸先改变的话，妈妈也会改变，孩子也会改变，这个家庭都会发生变化。

一个平凡的男人成为爸爸，他既是一个人，也是一个男人，同时还是一位爸爸。成为爸爸的资格就是，能够寻找内心的本质，追求健康的人生，做健康的男人、健康的爸爸的男人。

# 2

# 爸爸的自画像

# 爸爸的人生很辛苦

前面的章节中我们谈到了怎样的爸爸是好爸爸，爸爸怎样与孩子沟通、如何充分发挥自己作用的各种方法。

其实这些都是爸爸们想努力做到的，但是现实很严峻。21世纪的现代社会对爸爸有更多的要求。

在外辛苦工作，回到家还要参与育儿和子女教育。而且，因为女性参加社会工作，爸爸早已没有了经济主导权，家里大小事也多由妻子来决定。即使这样，社会还是要求爸爸不断改变。为了无愧于"一家之主"的称号，韩国的爸爸们已经筋疲力尽了。

如果子女处在青少年时期，爸爸的存在感就更渺小了。孩子小的时候，爸爸和孩子没有建立好的关系，那么孩子在青春期的时候，总是会和爸爸发生碰撞，这表现在对话的断绝与爸爸被家人冷落上。爸爸想以权威示人，可是已经抓不住远去的子女。如果爸爸年轻的时候只顾工作，疏忽家庭，那么这时候更是寸步难行。虽然爸爸自信，自己是为家人卖命地工作，可是如今却不能表露这种心情，因为家人不理解爸爸。爸爸以为，自己聆听了孩子的苦恼，与孩子亲密无间，但是这只是爸爸的一种错觉而已，孩子的想法可能与此恰好相反。

2006年，女性家族部进行了一项设问调查，面对"子女有问题，首先会找我商量"这个问题，50.8%的爸爸选择了"是"，而只有4%的子女选择了"是"。另外，以美国大学生为对象进行的一项调查中，有68%的学生选择了"在电视和爸爸中，会选择电视"。女大学生中选择"将来找和爸爸一样的人结婚"的人只有17.9%。选择"不想和像爸爸一样的人结婚"的人竟然高达65.4%。

不仅仅是孩子们，最该信任丈夫的妻子也做出了同样的选择。调查中关于"如果再次结婚的话，是否与现在的配偶结婚"的问题，有很多男性选择"是"，可是竟有70%的女性选择要与别人结婚。就这样，爸爸们的人生显得既可怜又可悲。

2012年，韩国统计厅发布的"2011年死亡原因"资料显示，韩国男性的自杀率相比上一年增加了4.8%，特别是比女性多了2.15倍。男性因酒精中毒死亡的比率是女性的10倍。从中我们似乎能看到，因在家庭中被冷落、与家人没有沟通和在工作中遭遇危机而惴惴不安的爸爸们的危险而不幸的现状。

专家们认为，长久以来由大男子主义社会结构形成的权威的爸爸形象渐渐消失，可是并没有出现被社会认可的全新的爸爸形象。专家们进一步解释说，这是时代的局限。

曾经是促进经济增长的主力军和家庭核心的爸爸们，如今为什么被家庭冷落，过着如此痛苦的生活呢？专家们认为，这是新母系社会的大环境导致的。大男子主义的家庭文化被瓦解，在独立生活成为文化风尚的现代社会中，妈妈比爸爸更具有影响力了，爸爸在家庭中不再是令人敬畏的对象了。

现代社会要求爸爸适应变化，与时俱进。最近的好爸爸热潮，带动出现了一批关心子女、积极参与子女教育的爸爸们。爸爸们要重新寻找自己的位置，即使现在开始也不算迟。爸爸可以和家人一起去爬山，去旅游，了解孩子的学习成绩、朋友、内心世界等。爸爸不要只是嘴上说，要读书，要学习，最好是以身作则让孩子看到爸爸学习的样子；不要只顾着外面的工作，应该在家里寻找爸爸的角色和位置，并且应该努力塑造一个创造平等、和谐的家庭氛围的爸爸形象。

当然，这些由全家人一起努力，才会有更好的结果。尤其是，妈妈的作用很重要。家庭经济负担和育儿工作应由夫妻两个人一起分担，夫妻之间应该互相尊重。孩子们需要像朋友一样的爸爸、亲切的爸爸、一起玩的爸爸。妈妈应该教育孩子懂得尊敬爸爸。最重要的是，妈妈要知道，爸爸总是想和家人在一起的，不愿意被冷落。这个时代要求爸爸在家庭里找到存在的价值。

成为爸爸并不意味着牺牲，而是要和家人在一起过幸福的生活。如今的社会有别于年轻爸爸们成长的年代，是需要寻找新的爸爸形象的"夹缝中的时代"。或者可以说这个时代是需要爸爸们适应新形势的时代。所谓新形势指，曾经爸爸是自己的全部，而如今自己却不是子女的全部。爸爸们肯定很辛苦，但是他们必须完成角色的蜕变。

爸爸负责生计，妈妈负责养育子女的家庭结构是产业化社会的产物。现代社会要求爸爸适应，相比以前变得更加多样化的社会和家庭的角色。而这才是爸爸本来的角色。

# 危机中的爸爸陷入了深深的自卑

男人就应该像男子汉一样坚强，爸爸就应该完美无瑕和威严，这些都是传统观念中的男人形象。爸爸们又将这种观念原原本本地传授给了自己的儿子。就这样，我们的社会要求男人要坚强、不能输、要成功、不能哭……

我们的社会是不是给男性强加了这种观念，让男人陷入了深深的自卑中了呢？这是不是使爸爸们的人生更艰辛了呢？

男人应该像男子汉一样的传统观念，忽略了爸爸内心的痛苦和孤独，一味地要求爸爸快速前进。在物质万能的社会中，爸爸们越来越沦落成了"消耗品"。能挣大钱便是好爸爸、才是优秀的爸爸的错误观念，让爸爸在家庭中失去了地位，也失去了自信心。

那么，真正意义上的男人的本质又是什么呢？爸爸们依旧要带着保守定义男人的枷锁去追求所谓的男性特征，去做一个社会需要的、而不是家人需要的"爸爸"吗？

其实，男人并不是不懂得感情，而是不会去表达。因为他们自小被教育男人应该喜怒不形于色。在他们成为爸爸以后，又将这种观念直接或间接地灌输给儿子。如果女儿摔倒，爸爸就会抱起来哄着，可是儿子摔倒哭泣的话，爸爸就会数落孩子，不让孩子哭，因为爸爸就是这样长大的，所以希望儿子也像男子汉一样坚强。而有时候，妈妈也会和爸爸一样严厉。爸爸认为，儿子像男子汉一样坚强，才不会在激烈的社会竞争中被淘汰。虽然社会在变，可是坚强的男人会成功的观念没有变。爸爸没有思考过这种教育方法是否可取，就直接沿用了自己受过的教育。

但是，被这样教育长大的子女，有一天会开始反抗父母的教导。孩子不再顺从只会用权威压制人的爸爸，没有说服力的命令会让儿子紧闭心门，结果爸爸的权威一扫而尽……

爸爸对孩子的性别认知有很大的影响。如果爸爸还在固执地坚持传统的性别认知的话，那么将误导孩子。有研究发现，爸爸越是温和地对待儿子，儿子则愈加具备男子汉气概。或许爸爸更应该给予孩子足够的爱，教孩子不能为了功名利禄和争强好胜而活，要过精神上充实的生活、拥有更丰富的人生。爸爸的性别认知同样也会影响女儿。我们通过前面提到的阿尔法女孩就能知道，如果爸爸没有性别差异的传统观念，那么女儿在性别认知上就具有变通性，处理各种社会关系的能力或活动适应能力都会比较强。而且，和爸爸关系好的女儿在社会关系中也会感到幸福。美国前国务卿希拉里·克林顿说，自己的独立性和进取心得益于与爸爸的沟通。而且，爸爸和妈妈的感情比较好的话，孩子在家中就会有安全感，会有较为积极的性别认知。相反，爸爸不做家务，轻视妈妈，孩子在以后的家庭生活中也会轻视女性。

交流感情方面，男人依旧显得笨拙。人们普遍认为，工作能力和经济实力是男人的全部。只有坚强才能生存的观念，不断让更多的男人陷入危机中。如今危机中的爸爸，虽然很努力，可是有很多爸爸依然在徘徊迷茫着。低头的男人，肯定是没能克服传统价值观与现实的冲突，陷入自卑之中的男性。男人应该寻找自己的价值所在、男人的本质和家人期待的真正的男人形象。

男人们抛弃我们通常所说的传统的男子汉气概，并不代表可耻或懦弱，因为这是寻找新的男子汉气概的过程，是爸爸在家庭中寻找自己的位置、享受乐趣、追求幸福、摆脱枷锁的过程。只有这样做，爸爸才能成长，才能和家人一起寻找通向幸福生活的道路。

# 不要强迫自己做个完美爸爸

孩子们小的时候总是喜欢黏着爸爸，让爸爸带着疯玩，可是长大以后有了心事就只跟妈妈说了。看到这种情形，爸爸就会感到很失落。爸爸想缩短与孩子的距离，努力接近孩子，并下决心要当个好爸爸，但结果往往是爸爸虽然心里万分焦急，最终没能如愿以偿。

爸爸总是工作忙碌，没有时间和孩子分享日常琐事。在家的时候，爸爸似乎显得很有权威，但和孩子们并没有什么交流。所以从孩子的立场来看爸爸，爸爸其实是一个非常沉闷的人。如果彼此不能沟通，即使对方是自己的爸爸，孩子们也不会和爸爸多待一分一秒。

即使现在爸爸们积极地参与育儿，"不关心"依旧是爸爸的代名词，而很多中年男子与子女的关系中都留有这种烙印。曾经，爸爸是高高在上、具有绝对魅力、教训孩子、经常不在家的人。但是，现在和以前不一样了。爸爸长大的年代，因为兄弟姐妹多，所以子女们不能均衡地得到父母的爱，而现在的孩子一个人能得到父母全部的爱，所以现在的孩子不满足爸爸的维持生计的角色。

美国哈佛大学医科大学的哈维尔·西蒙（Harver B.Simon）说："男人想要长寿，就应该丢约翰·韦恩综合征。"

约翰·韦恩综合征（John Wayne syndrome）是指，男人出于认为男人必须坚强的认识，不承认痛苦，隐瞒内心感受的行为。著名演员约翰·韦恩在美国西部片里演绎了极具传奇色彩的英雄，被美国人誉为"男人中的男人"。可是，哈维尔教授说，像电影里的英雄一样逞强好胜，终有一日会被人杀害或因病死去。他还暗示，男人比女人更早死亡的原因就是约翰·韦恩综合征。

与之相似的还有鸵鸟综合征。鸵鸟综合征指，像鸵鸟一样遇到敌人就把头埋进沙里的习性，像自己眼里看不到危险，就以为脱离险境的鸵鸟一样，遇到困难首先想到躲起来的行为。

还有阿特拉斯综合征（Atlas syndrome），它反映了有些男人想要当完美的爸爸、丈夫的迫切心情。他们不辞辛苦地工作，回家还要做家务、育儿，想当完美的爸爸，因此这种症状也叫"超级爸爸综合征"。阿特拉斯是提坦巨人的后代，他在与诸神的战争中失败，被宙斯降罪支撑天空，象征着力量与忍耐，阿特拉斯综合征的名字就是由此而来，由英国医学家提姆·肯托菲（Tim Cantopher）博士提出。阿特拉斯综合征的表现是，总想当好爸爸、好丈夫，因而感到心理压力、进行自我折磨、经常幻想荒谬而不切实际的事情等。

强迫自己做个完美的爸爸，不仅自己受罪，也会让周围的人感到压力。一旦爸爸对自己的表现不满意，并且短时间内难以改进自己的表现时，爸爸有可能会患上抑郁症，情绪也会变得不稳定。所以，请爸爸们首先要丢掉"万事要做得完美无缺"的想法。只要爸爸有一颗真诚的爱家人的心，即使有的地方做得不够好也能得到家人的理解。通常爸爸不擅长表达爱，不习惯用语言表达自己的感情。所以，爸爸应该学会让家人能够明白自己的心情和想法的表达方法。

据说，未来社会中具有母性特质的男人成功的概率比较高，而且未来需要关系处理、细心、灵敏等的工作会越来越多。最近在美国，新时代爸爸（New Father）很受欢迎。新时代爸爸是指女性化的爸爸，他们帮助做家务、参加孩子的学校家长会、周末陪孩子逛街……近年来，我们国家也出现了不少这样的爸爸，虽然没有得到社会广泛的呼应，可是我相信社会上的好爸爸会越来越多。

你是否梦想成为被孩子认可的、能力卓越的完美爸爸呢？那么，你将会被这种想法压得直不起腰来，因为没有人能做到完美。孩子们期待的爸爸不是完美的爸爸，也不是富爸爸。孩子们希望，在成长的道路上爸爸能够一直在自己身边支持、鼓励自己，自己喜欢的哪怕再小的事情爸爸也能陪自己一起做。

# 3

## 爸爸，您幸福吗

# 只有爸爸幸福了，家人才能幸福

爸爸真正的幸福源于家人。可是，家人真正的幸福又源于爸爸的幸福。即只有爸爸幸福了，家人才能幸福。

如何才能让爸爸幸福？郑有盛教授以40岁左右的男性为对象，进行了调查研究。调查中，当问到"感觉什么时候最幸福"时，爸爸们给出了让人意想不到的回答。

"幸福？好久没有听到这个词了。"

"根本没有想过幸福。"

这说明，现在的爸爸们不幸福。他们没有时间去想幸福，或"幸福"这个词早已远离了他们的生活。郑教授说，应该改变"幸福"一词的概念。

"应该改变'幸福'的定义了。如今的时代和爸爸们成长的时代不同，那时候物质丰富和安逸的生活就是幸福。可是现在用孩子的标准来看，似乎自己喜欢才是幸福的标准。"

如今的幸福不是体现在物质方面，而是体现在精神方面。能够做一份自己喜欢的工作是幸福，能够找到属于自己的一片心灵静地是幸福。爸爸要向周围的人宣布，爸爸得到幸福是应该的，也想得到爱。爸爸不要顾虑孩子是否喜欢和自己说话，应该主动地先靠近孩子。当爸爸把自己真挚的一面展现出来时，也就学会了和孩子交流的方法，而且也会变得更幸福。爸爸退休以后的人生还很漫长，爸爸应该从孤独的一个人独自在外打拼的生活中走出来，寻找真正的幸福。

经过20世纪90年代的X世代（在20世纪50年代后期和60年代之间出生的世代）的爸爸们比他们的父辈，幸福指数会高一些，他们与引领社会的传统世代不同，把自己的幸福置于价值观的首要位置，所以对生活也更满足。他们认为，即使当了爸爸，也不用放弃自己的穿衣打扮风格或个性。兴趣爱好方面也一样，他们成了爸爸以后还在继续享受着年轻时候喜欢的唱歌、跳舞等文化生活。就这样，即使结婚后有了孩子，他们也不会放弃自己生活的润滑剂。比如，自己年轻时喜欢的音乐家来韩演出，爸爸就会想着带孩子一起去听音乐会，爸爸想让孩子拥有和爸爸一样的美好回忆。十几二十岁的时候，过着富裕生活的他们后来接触到新的思想，他们认为，别的爸爸也可以和他们一样，把自己的幸福置于人生的首要位置。

幸福的爸爸不仅要自己享受幸福，而且也会让家人幸福。如果以前的爸爸只是负责家庭生计的话，那么幸福的爸爸则扮演着多重角色。

幸福的爸爸首先应该抛弃大男子主义思想，要建立民主的家庭。孩子不是父母的附属品，所以应该引导孩子作为家庭成员承担应有的责任。而且，对于家庭中的大小事不要再当旁观者，不管遇到什么事情，爸爸都要和家人一起面对，不要做一个甩手掌柜。

妻子是和丈夫一起带领家庭走向幸福的伙伴。妻子是孩子们长大独立以后和丈夫共度余生的伴侣。妻子和丈夫一样，共同抚养孩子，是丈夫在世上最值得信赖和依靠的人，所以丈夫应该珍惜妻子。

幸福的爸爸还会是孩子的朋友。尊重孩子，站在孩子的立场上和孩子沟通，陪孩子长大的人，就是好爸爸。全心全意照顾孩子的一切是"幸福的爸爸"的职责所在。

当然，在这之前爸爸应该首先爱自己，自己先得到幸福。如果爸爸展现享受生活、开拓人生的状态，那么家人也能得到启发、受到感染，一家人共同朝着幸福出发。

# 如何当父母，需要学习

夫妻幸福了，子女才能幸福。而且，孩子需要父母双方均衡的爱。就像夫妻一起养育子女一样，父母也应该一起教育孩子。教大家如何培养孩子的育儿类书籍，最多只能告诉我们要当一个什么样的父母。而只有这些是远远不能解决父母的育儿问题的。父母在育儿中感到不安和压力，就要自己成为教育的主体，学习当父母的方法，寻找正确的道路。

"妈妈在家里不教孩子又能做什么呢？"

"你到底在家都做些什么？"

现在这些已经成为陈词滥调了。孩子的教育和成长，不再是妈妈一个人的责任，应该由父母双方共同承担。郑有盛教授在提到父母教育问题的时候，强调过这样的话：

"请不要说'养'孩子，因为这是人们单方面地'养'小狗或花草时使用的词语。如今的社会是变化莫测的信息时代，如果只是父母单方面地养育孩子，又何谈和孩子共同成长呢？我想说的是，和孩子沟通，同孩子互动，与孩子一道进步，这才是父母应该扮演的角色。"

当然，这并不是件容易的事情，父母需要付出很多努力。特别是，韩国的爸爸们不像妈妈们那样，在育儿方面他们几乎没有可以效仿的对象。社会福利发达的西方社会，男人育儿已经形成气候。在我们国家，爸爸育儿才刚刚起步，所以妻子应该积极帮助丈夫育儿，爸爸也应该拿出育儿的热情，主动减轻妻子的负担。李京淑教授指出，夫妻共同育儿会给孩子带来很大的影响。

"我们一直认为，孩子成长过程中最重要的人是妈妈。可是我们忽视了另一个重要的角色——爸爸。爸爸参与育儿，并不是'一加一等于二'的育儿，而是结果大于'二'的育儿。因为爸爸的育儿和妈妈的育儿不一样。爸爸育儿发挥作用会让孩子变得更坚强、更积极主动地探索世界。"

有一本书叫《男人来自火星，女人来自金星》，这本书在当时引起了读者广泛的兴趣。如果事实真的如此，那么可以说孩子们就是外星人了。而青春期的孩子，我们真的可以直接叫他们"外星人"，他们容易激动、爱发脾气、与大人唱反调，父母面对变化无常的孩子，在任何情况下都要控制好自己的情绪。理解孩子的心情，不要只看他们表面的行为。重要的是，及时和孩子交流感情。爸爸擅长的是带家人一起去旅游，让自己和家人的心都有一个安静的间隙，在惬意的旅途中，彼此打开心扉，享受家人间暖暖的爱意。而且爸爸还可以参加各种育儿俱乐部，交流经验、学习当父母的方法。对此，郑有盛教授是这么说的。

"幸福的育儿需要交流。因为育儿是艰难辛苦的事情。大部分人是一个人在做，所以觉得更辛苦。首先请父母抛弃要承担所有育儿事情的想法，如果能和大家交流意见、信息和烦恼，那么育儿也会变得很愉快。"

育儿是件辛苦的事情，但在这个过程中，我们却能拥有最宝贵的人生体验——为人父母。就像做任何事都需要事先准备，不断学习和奋斗才能成功一样，怎样做父母也需要学习，为了自己、为了孩子、为了整个社会而学习。

# 育儿的爸爸和子女一起成长

育儿中最大的受益者是爸爸。更多地参与育儿的爸爸，心理和社会性上都显得更成熟，对自己的生活也更满意。他们理解别人，和别人容易产生共感，能够用自己的方式调节情绪。而且，育儿的爸爸积极参与社区活动，发挥领导作用，善于结交朋友。结婚初就参与育儿的男人，即使到了中年以后，在工作、家庭、社会中，依然能够表现出色，依然是个好模范。

并不是所有育儿的爸爸都是幸福的。试想自己要做的事情堆积成山，可是孩子不睡觉只是哭闹的话，爸爸的压力指数定会直线上升。对此，郑有盛教授是这么说的：

　　"模仿一位诗人的话，99次绝望后唱的一首希望之歌就是'育儿'。可是这一首希望之歌胜过99次绝望。孩子成长过程中，爸爸享受到的天伦之乐就是这最后一首希望之歌。"

　　爸爸育儿中也许会出现育儿的压力、家人间的矛盾、自尊心受挫等情况，可是所有这些都不能减少"作为父母的满足感"。不但如此，从长远来看，参与育儿有助于爸爸在社会工作中取得更多成果。因为经常和孩子交流情感，能让爸爸缓解在外面所受的精神上的压力。而且，有了孩子的男人，为人更稳重，不会冲动行事，因为他们要考虑自己的健康和家人的未来。

　　如今在韩国，爸爸参与育儿的现象比较普遍，可是和国外相比还有很大差距。我们国家的爸爸也能像欧洲或日本的爸爸一样，习惯育儿的事情吗？对此，郑有盛教授强调了社会系统的重要性：

　　"在孩子的成长过程中，应特别注重培养孩子理解、关怀他人、凡事积极参与的意识。而且，不要把育儿和教育局限于个人，应该组织大家一起寻找解决问题的方案。"

　　虽然现实很严峻，可是值得肯定的是，我们的社会担当了提高出生率的时代使命，面对暗淡的过去已经有所觉醒。相比过去，韩国社会上出现了更多的参与育儿的爸爸，但我们希望更多的父母能够携手共同养育孩子。罗斯·D.帕克博士也提出了类似的观点。

"养育孩子的过程中，经济原因、压力等负面因素和喜悦并存。但是，整体来说，孩子赋予父母的人生的意义，甚至比事业成功带来的成就感更为重要。很多人上了年纪以后，回忆过去的时候，往往会对子女的成长感到满足，孩子们长大后又有小孩，成了祖父母以后他们能够再一次感受这种满足感。因为有了孩子，人生才有了意义；因为幸福，所以感到满足。"

帕克教授还讲了自己的经历。20世纪70年代，美国的学生们在自己的T恤上印上了"爸爸比妈妈更能胜任妈妈的角色"的话语，当时很多人觉得这是无稽之谈。爸爸比妈妈更能做好家务，这简直让人无法想象。但是他觉得，世界是会变化的，后来果真发生了"爸爸的革命"，虽然进程很缓慢。

如果父母感到幸福，那么孩子长大后也会成为幸福的人。爸爸参与育儿和孩子一起幸福地生活，那么孩子长大以后也会成为这样的父母。所以，爸爸不是单纯地在育儿，而是在培养某人的父母，培养某个集团的领导。

孩子希望爸爸给予自己的，不只是玩具、好玩的游戏、有吃有穿的生活。虽然小时候，一定程度上孩子会因为这些和爸爸建立情感纽带，可是自始至终孩子们最大的希望是，爸爸能在身边，给自己满满的爱。如果爸爸能够表达关爱子女的感情，即使在别的方面不够好，在孩子心里爸爸仍然会是一个好爸爸。即使爸爸和家人在一起的时间不多，但是和家人愉快地度过时光，拉近彼此的距离，同样也会给孩子带来积极的影响。

爸爸通过育儿和孩子一起成长，这些成长让爸爸的人生从此改变。幸福的爸爸越多，社会也会越安定，社会中才会有更多幸福的家庭。

## 爸爸，您幸福吗

接下来我们回顾一下，我们在"父性之城"走过的路。

每个爸爸都会为当一个好爸爸而努力，但是当个好爸爸并不容易。爸爸是怎样的存在？哪些人能成为好爸爸？这些问题并没有答案。爸爸只有通过自己不断的学习和认识，才能找到自己的答案。

思考着怎样当一个好爸爸这个问题的韩国爸爸们，和世上所有的爸爸一样，正站在观念变革的十字路口。

《让孩子幸福的爸爸育儿》的作者姜贤石说，男人成为爸爸时经历的心理冲击，和女性的"妈妈冲击（Mother shock）"一样。而且，男人还不习惯"爸爸冲击（Father shock）"这一词语，因为爸爸意识不到自己受到的心理冲击。尤其是，在产业化革命时期度过童年时光的他们，心中并没有明确的爸爸形象，所以他们适应爸爸角色需要很长时间。他还强调，当今社会应该关注爸爸受到的心理冲击。

2010年，休利特家庭幸福发展研究所发表了"爸爸诊断指数"的调查，从中我们可以看出韩国社会爸爸的情况。这项调查是针对参加第一期"幸福爸爸的学校"的187名爸爸进行的。调查中，认为自己是"好爸爸"的人只占了总人数的4.8%。然后，依次是"努力型的爸爸"（23.5%），"需要努力的爸爸"（58.8%），甚至认为自己"只有爸爸的虚名"的人也占了12.8%。调查中，很多爸爸为自己在家庭中的角色打了比较低的分数。

这项调查显示，韩国的爸爸们对自己的角色评价过低。爸爸们具有想要努力的热情和决心，可是更多的是认为自己还处在开始阶段。

休利特家庭幸福发展研究所安炳民理事说，家庭也需要经营。爸爸应该成为经营家庭的CEO，CEO的协调能力决定家庭成员之间的沟通能否有效地进行。

安理事还指出，如果作为家长的爸爸认为"我负责在外挣钱养家，所以回到家要好好休息"，并且把"家务和子女教育都推给妻子"，不关心家庭问题，或者以工作忙的理由敷衍过去，那么就不能组建幸福的家庭。为了家庭的幸福，爸爸应该身体力行。

这世上有很多爸爸。他们会自问"我是好爸爸吗"？虽然他们所处的环境不同，各自的烦恼也不同，但是他们有一个共同点，那就是他们爱自己的孩子，想得到孩子的尊重。

美国俄勒冈州立大学大卫·克尔（David Kerr）博士说，成为爸爸是"放弃之前危险行为的契机"，成为爸爸可以让男人改掉不好的习惯或改正不好的行为。

一个男人能够成为真正的爸爸，源于自己能给孩子带来幸福的信念，又源于爸爸和妈妈要成为幸福的父母的决心。

所谓的"父爱"其实很深奥，可是它又是男人的本能，指引男人育儿的方向。

如今的爸爸在家庭中越来越失去地位。尽管如此，他们比任何人都努力，努力想成为好爸爸，不断思索家庭中的自己位置和角色，在创造家庭幸福中不断寻找自我的本质。我们把这些不懈努力着的男人称为"好爸爸"。

# "你是好爸爸"

### 沉甸甸的称谓——"爸爸"

谁都有爸爸，每个人都是爸爸的儿子或女儿，而且也会成为某人的爸爸或妈妈。所以，对我们来说最亲切的存在莫过于爸爸。

对于节目制作组来说，制作这类题材的节目其实有很多困难。因为，世界上存在无数种类型的爸爸，节目中不可能——涉及，所以我们缩小了"父性之城"的范围。每个时代的爸爸都不同，我们只是关注了正在改变自我的三四十岁的爸爸们。这些21世纪的新爸爸们是怎样的爸爸呢？

### 爸爸在家庭中的位置发生了变化

"你是说，爸爸整天在家看电视或睡觉吗？爸爸怎么会这样呢？我的爸爸不是这样的。"

上小学的世贞听了同学的话以后，觉得很不可思议。因为，世贞的爸爸金福日经常和女儿去野营，给孩子买流行的项链，背着妈妈给女儿买鸡块，允许孩子吃方便面等，是新时代的爸爸。

世贞的心里存在两种爸爸，一种是专门负责赚钱，下班回家以后总是疲惫，不和妻子和孩子说话的爸爸；另一种是理解孩子的心情，经常和孩子一起玩的爸爸。

采访爸爸的过程中我们发现，最近爸爸在家庭中的位置发生了变化。传统的爸爸的位置，相当于家庭三角形结构的顶点。他们为了维持生计，努力赚钱养家，是家庭中的权威。但是随着家庭结构发生变化、女性参与工作，爸爸参与育儿和做家务成了很平常的事，"主夫爸爸"的称呼也不再显得稀奇。

节目拍摄期间，有了第一个孩子的赵富哲和姜吾俊学会了给孩子洗澡的方法；而我们第一次见到李昊俊的时候，他正在休十个月的育儿假期，照顾他的第二个孩子；李俊承下班的路上去儿童之家接孩子回家，然后直到妻子下班回家，一直都在陪孩子玩；金福日为了和女儿更亲近，加入女儿小学的父亲会，而且已经活跃了很多年。

节目制作过程中，我们还拜访了数十位爸爸及他们的家庭，并且采访了150名准爸爸。我们遇见的大部分爸爸都认为和孩子在一起很幸福。当然，他们可能也感到辛苦，依然要赚钱，要和妻子分担育儿和家务，所以他们可能比以前的爸爸更辛苦。但是，他们和妻子、孩子沟通的努力，丰富了他们自己的人生。一门心思在外工作，退休以后被家人冷落的爸爸的孤独，看来只有在过去的社会新闻版面才能看得到了。

### 谁都没有学过如何当爸爸

我们在采访和调查研究中惊奇地发现，相比对妈妈的研究，关于爸爸的研究少之又少。到目前为止，亲子关系研究主要侧重在研究妈妈和孩子的关系。这也说明，在家庭中爸爸没有像妈妈一样受到关注。没有谁教男人如何当爸爸，而且关于如何跨域"男人"与"爸爸"之间的鸿沟，很多爸爸都感到困惑。

女性从怀孕的时候开始，慢慢地用身体感受当妈妈的感觉，心理也会随之发生变化。而且，女性天生具有母爱，但是男性不同。

男人们可能觉得委屈，人们会经常会用"母爱"这一词，可是对于"父爱"这个词，一开始就怀疑它是否存在，所以专家们说"成为爸爸"需要练习和努力。我希望，这本书能给以"爸爸"的名义生活的爸爸们提供帮助。

### 感恩的心

在电视广播等新闻工作中，相比邀请专家或艺人，更难、更需要谨慎对待的是邀请普通人。因为，他们并不一定会有报酬，却需要公开自己的私生活和隐私，所以，在此要对参加节目录制的爸爸们表示感谢。我们在准备《父性之城》的过程中遇见的爸爸们是，为了成为好爸爸而努力、而思考的人们，所以我们想称呼他们为"好爸爸"。

为了更好地向观众呈现这一时代的爸爸的生活，制作组进行了一年多的努力。期间，制作组工作人员进行了大量的调查研究、编辑、摄像、执笔等。顺利地完成节目后，我们对制作组的辛苦表示了感谢。可是，我们未能向一位朋友表达这份心情，他就是在某天晚上回家的路上，因为意外事故，不幸去世的最小的电视广播作家——李贤承。据说，现在他的父亲仍然会每晚都在地铁站出口等他回家。我们也要把这本书献给这位父亲。

### 世上所有爸爸都是好爸爸

孩子一出生，男人顺理成章地就成了爸爸。但是得到"爸爸"这个称谓，并不意味着就成了"爸爸"。得到了"爸爸"的称谓后，爸爸们也就开启了寻求"爸爸的本质"这个漫长、艰辛却又幸福的旅程。当然，仅仅依靠爸爸一个人的力量是不行的，如果让爸爸选择成为好爸爸的必备条件的话，相信爸爸首先会选择妻子的陪伴及家人的支持。

我想在此向天下所有正在努力当一个好爸爸的爸爸们说一句：

"你是好爸爸！"

作家 金勤罗